PECADOS CAPITALES ESTOICOS

VENCIENDO LAS DIEZ PASIONES DESTRUCTIVAS

ESTOICO

CONTENIDO

INTRODUCCIÓN: COMPRENDIENDO LAS PASIONES DESDE LA RAZÓN ESTOICA

En el corazón de la filosofía estoica yace una verdad fundamental: la distinción entre lo que está bajo nuestro control y lo que no lo está. Esta sencilla premisa sirve como punto de partida para una reflexión más profunda sobre la naturaleza de nuestras pasiones, aquellas emociones intensas y desbordantes que, si no se manejan con sabiduría, pueden dominar nuestra razón y llevarnos lejos de la serenidad que buscamos. Este entendimiento no solo nos invita a examinar nuestras emociones, sino también a cuestionar las raíces de nuestras acciones y decisiones cotidianas. Cada elección influenciada por nuestras pasiones puede llevarnos a un estado de desarmonía, alejándonos del ideal estoico de la tranquilidad.

Las pasiones, según los estoicos, no son inherentemente "malas", sino desvirtuaciones de juicios erróneos sobre lo que consideramos bueno o malo. En lugar de ser guías hacia la virtud, se convierten en cadenas que nos atan a deseos efímeros, temores irracionales y frustraciones autoinfligidas.

Para alcanzar la verdadera libertad interior, debemos desarrollar la habilidad de confrontar nuestras pasiones con valentía y razón, entendiendo que detrás de cada emoción intensa hay una oportunidad para crecer en sabiduría y virtud. Esta introducción explora la importancia de este enfrentamiento y el papel central de la razón como herramienta para lograrlo.

Diferenciando Emociones Naturales de Pasiones Destructivas

Es crucial distinguir entre las emociones naturales y las pasiones desmedidas. Mientras que las primeras son respuestas instintivas que nos conectan con el mundo y reflejan nuestra humanidad básica, las segundas surgen de interpretaciones erróneas de la realidad.

Por ejemplo, sentir tristeza ante una pérdida es natural, pero hundirse en el resentimiento o la desesperanza es una elección que amplifica el sufrimiento y nos aleja de nuestra esencia racional. Los estoicos nos enseñan a observar nuestras emociones con distancia crítica, permitiendo que la razón determine nuestra respuesta, incluso en las situaciones más desafiantes.

Las pasiones destructivas se alimentan de juicios precipitadamente formados y de la falta de claridad sobre lo que realmente importa. Cuando consideramos que el placer, la riqueza o la fama son esenciales para nuestra felicidad, caemos en la trampa de la codicia, la envidia y el orgullo.

De igual manera, el temor al dolor o la pérdida nos lleva a emociones como el miedo o el odio, que perturban nuestra mente y corrompen nuestras decisiones. Este ciclo de confusión emocional puede romperse únicamente cuando adoptamos una perspectiva filosófica que prioriza la razón sobre las reacciones impulsivas.

La Relación Entre Sabiduría, Virtud y Serenidad Interior

La sabiduría, según los estoicos, no es un concepto abstracto, sino una práctica diaria que exige el dominio de uno mismo y una comprensión profunda de la naturaleza. Es esta sabiduría la que nos permite diferenciar entre lo que depende de nosotros y lo que no, y encontrar serenidad incluso en medio de la adversidad. Practicar la sabiduría requiere un compromiso constante con la autoobservación y la reflexión, reconociendo nuestras propias limitaciones y las posibilidades de mejora.

La virtud, en este contexto, es la expresión más alta de la sabiduría. Al cultivar virtudes como la templanza, la justicia, el coraje y la prudencia, aprendemos a manejar nuestras pasiones y a vivir de acuerdo con la razón. Estas virtudes no solo nos guían hacia una vida más equilibrada, sino que también nos preparan para enfrentar los desafíos de la existencia con una actitud de fortaleza y serenidad. La serenidad interior no es la ausencia de conflicto, sino la capacidad de enfrentar cualquier situación con calma y resolución, manteniendo nuestra integridad incluso en circunstancias adversas.

Por Qué Adoptar una Perspectiva Estoica Hoy

En un mundo marcado por la inmediatez, el exceso de información y la constante búsqueda de validación externa, las enseñanzas estoicas son más relevantes que nunca. Nos enfrentamos a distracciones que alimentan nuestras pasiones destructivas: redes sociales que exacerban la envidia, expectativas sociales que fomentan el orgullo, y un consumismo que aviva la codicia. Estas dinámicas modernas no solo desvían nuestra atención de lo esencial, sino que también alimentan una sensación de insatisfacción constante, erosionando nuestra paz interior.

Adoptar una perspectiva estoica no significa retirarse del mundo, sino participar en él con sabiduría y moderación. Es un llamado a redescubrir el poder de la razón y la virtud como guías para una vida plena y significativa. Al integrar estos principios en nuestra vida diaria, podemos aprender a navegar los desafíos contemporáneos sin sucumbir a las presiones externas, preservando nuestra autonomía y sentido de propósito.

Hacia una Transformación Personal

Este libro es una invitación a confrontar las sombras del alma: esas pasiones destructivas que nublan nuestro juicio y nos alejan de la excelencia moral. Cada capítulo abordará un "pecado capital estoico" desde su raíz filosófica, explorando cómo identificarlo, entenderlo y superarlo a través de ejercicios prácticos y reflexiones profundas. Este enfoque integral busca no solo inspirar, sino también equipar al lector con herramientas concretas para su desarrollo personal.

La transformación personal comienza con un compromiso hacia la automaestría. En el proceso, descubriremos que el verdadero poder no está en controlar el mundo externo, sino en dominar nuestra propia mente. Como decía Epicteto, "No son las cosas las que nos perturban, sino nuestras opiniones sobre ellas". Este libro es una guía para redefinir esas opiniones y caminar con firmeza hacia la libertad interior, reconociendo que cada paso en este camino nos acerca más a la realización de nuestro potencial como seres humanos racionales y virtuosos.

CAPÍTULO 1. ENVIDIA: EL VENENO DE LA COMPARACIÓN INCESANTE

La envidia representa una de las pasiones más insidiosas y corrosivas en la experiencia humana, caracterizándose por un deseo desmedido de los bienes ajenos acompañado de un profundo resentimiento hacia la propia situación.

En el marco estoico, esta emoción no solo refleja un juicio erróneo sobre el valor de lo externo, sino también una peligrosa desconexión de las verdades esenciales que rigen la virtud y la serenidad interior. Como un espejo deformado, la envidia magnifica nuestras carencias y minimiza nuestras fortalezas, sumiéndonos en un estado de insatisfacción perpetua y alienación emocional. Su influencia es tan penetrante que, si no se aborda con una reflexión profunda y práctica constante, puede socavar las bases de nuestro bienestar psicológico y filosófico.

Raíces Ontológicas de la Envidia: Una Falta de Gratitud Existencial

Desde una perspectiva estoica, la envidia brota de un terreno de ingratitud fundamental hacia la propia existencia. Al focalizar nuestra atención exclusivamente en las carencias, dejamos de reconocer las abundancias que, aunque sutiles, enriquecen nuestro ser.

Este desbalance emocional engendra una obsesiva comparación con los demás, en la cual los logros ajenos se convierten en un espejo distorsionado que refleja nuestras inseguridades y exacerba nuestra percepción de insuficiencia. No es solo una emoción fugaz, sino una condición que puede arraigarse profundamente en nuestra percepción del mundo y de nosotros mismos, afectando cada esfera de nuestra vida.

Epicteto subraya que la verdadera riqueza no reside en la acumulación de bienes materiales, sino en la habilidad de valorar aquello que poseemos y encontrar en ello una satisfacción duradera. Por el contrario, la envidia perpetúa una alienación con respecto a nuestro ser interno al dirigir nuestra atención hacia valores superficiales y ajenos a la naturaleza racional del ser humano. Este desvío de la razón es el núcleo del problema: la envidia no solo niega la gratitud, sino que socava la posibilidad de reconocer la singularidad y potencial de nuestro propio ser.

La comparación incesante alimentada por la envidia también nos distancia de la conexión genuina con los demás. En lugar de celebrar sus éxitos, los percibimos como una amenaza a nuestra identidad, una narrativa que fortalece un ciclo de alienación y competencia destructiva. Este ciclo perpetua la idea equivocada de que el valor personal está directamente relacionado con el reconocimiento externo y las posesiones.

Impacto Epistemológico y Psicológico de la Envidia

La envidia trastorna no solo nuestro juicio racional, sino también la posibilidad de cultivar una vida serena y equilibrada. Los individuos atrapados por esta pasión se ven inmersos en un ciclo de insatisfacción perpetua, donde la contemplación de las fortunas ajenas se convierte en una fuente de constante amargura. Este ciclo afecta no solo la paz interior, sino también nuestra capacidad de interactuar de manera genuina con el presente. La envidia, lejos de ser una emoción inofensiva, se convierte en un obstáculo epistemológico que nubla nuestra capacidad de discernir lo esencial de lo superfluo, desviándonos del camino hacia la virtud y el autodescubrimiento.

Marco Aurelio, en sus Meditaciones, enfatiza que la felicidad auténtica emana de una existencia alineada con los principios de la naturaleza y guiada por la razón. En este sentido, la envidia constituye un obstáculo epistemológico que desvía nuestra atención de las verdades esenciales hacia comparaciones fútiles, alejándonos así del objetivo de la virtud. Al fomentar un enfoque en lo externo, la envidia no solo interfiere con nuestro desarrollo personal, sino que también erosiona nuestra capacidad de encontrar significado en nuestras propias acciones y decisiones.

Psicológicamente, la envidia actúa como una trampa autoinfligida, que perpetúa una narrativa de insuficiencia y dependencia del juicio externo. Es una emoción que no solo hiere, sino que se perpetúa, alimentando un ciclo de autocrítica destructiva y alienación. La envidia no solo limita nuestra felicidad, sino que nos impide experimentar una conexión genuina con nuestra humanidad compartida y nuestras capacidades únicas.

La Gratitud como Antídoto Filosófico contra la Envidia

El pensamiento estoico propone la gratitud como un recurso filosófico poderoso para contrarrestar la envidia. En lugar de centrar nuestra energía en lo que otros poseen, debemos cultivar un profundo reconocimiento de nuestras propias cualidades y logros. Esta práctica no implica ignorar nuestras metas, sino reorientar nuestra atención hacia el crecimiento personal desde una perspectiva de autovaloración y no de competencia. La gratitud, en esencia, no es solo un acto de reconocimiento, sino un ejercicio de alineación con nuestra naturaleza racional, promoviendo una mayor claridad y fortaleza emocional.

Séneca señala que la vida es abundantemente rica cuando aprendemos a discernir y apreciar lo verdaderamente esencial. Mediante la gratitud, trascendemos las limitaciones de la envidia y abrimos espacio para una existencia marcada por la conexión con nuestra naturaleza racional. Cultivar la gratitud no solo nos libera de las cadenas de la comparación, sino que también fortalece nuestra capacidad de vivir en armonía con nosotros mismos y con los demás, fomentando un estado de serenidad y plenitud interior. Además, la práctica de la gratitud redefine la narrativa de la vida, permitiéndonos ver el éxito ajeno no como una amenaza, sino como una oportunidad para inspirarnos y aprender. Este cambio de perspectiva fomenta un ambiente de colaboración y crecimiento mutuo, en lugar de rivalidad y alienación. La gratitud no solo redefine cómo interactuamos con el mundo, sino que también nos devuelve a una perspectiva más auténtica y centrada en el ser.

Herramientas Estoicas para Conquistar la Envidia

1. **Registro Reflexivo de Gratitud**: Dedica cada día unos momentos a registrar tres aspectos de tu vida por los cuales te sientes agradecido. Este ejercicio fomenta una perspectiva positiva y contrarresta las tendencias comparativas. Reflexiona profundamente sobre por qué estos aspectos son significativos para ti, reforzando una conexión emocional genuina con tu vida.

2. **Meditación sobre el Control Interno**: Reflexiona sobre los aspectos que están bajo tu control y aquellos que no lo están. Reconoce que los éxitos ajenos no limitan tu capacidad para alcanzar la virtud. Al practicar esta meditación regularmente, fortalecerás tu resiliencia emocional y tu habilidad para mantenerte enfocado en tu

propio camino, en lugar de desviar tu energía hacia preocupaciones improductivas.

3. **Abstinencia de Comparación Superficial**: Limita la exposición a redes sociales u otros entornos que propicien comparaciones perjudiciales. Emplea este tiempo en desarrollar tus talentos y cultivar relaciones significativas. Este acto de abstinencia no es un rechazo del mundo externo, sino una afirmación de tu compromiso con tu crecimiento interno y tu serenidad personal.

4. **Celebración Activa del Logro Ajeno**: Cuando alguien cercano obtenga éxito, practica una alegría genuina por sus logros. Este gesto fortalece los lazos humanos y disuelve los sentimientos competitivos. La celebración del éxito ajeno también te permite experimentar la interconexión humana como una fuente de fortaleza y motivación, transformando la envidia en una oportunidad para el aprendizaje y la gratitud.

Conclusión: Envidia y Redefinición Estoica del Ser

La envidia constituye una carga emocional que no tiene cabida en una vida orientada hacia la virtud y la razón. Al confrontarla con honestidad y compromiso, liberamos espacio para cultivar gratitud, serenidad y conexión con nuestra esencia más auténtica. La filosofía estoica nos recuerda que las comparaciones son ilusiones autoimpuestas, mientras que la verdadera libertad radica en valorar lo que somos y poseemos. Como proclama Marco Aurelio: "No permitas que tu alma se consuma pensando en lo que otros hacen o poseen; conságrate a ser digno de tu propio ser". Que esta reflexión inspire un renacimiento interior y una renovada comprensión de la felicidad como una elección fundamentada en la razón y la virtud. Solo a través de este proceso podemos trascender las limitaciones de la envidia y descubrir el inmenso potencial que yace en nuestro interior.

CAPÍTULO 2. ODIO: LIBERÁNDOSE DE LA AVERSIÓN QUE CONSUME

El odio constituye una de las emociones más destructivas dentro del espectro de las pasiones humanas, caracterizándose por su capacidad de erosionar tanto la razón como la virtud. Desde la óptica estoica, el odio no es más que un juicio errado sobre las acciones o intenciones ajenas, alimentado por expectativas irreales y una incapacidad para aceptar la imperfección inherente a la naturaleza humana. En este capítulo, exploraremos las raíces filosóficas del odio, sus implicaciones epistemológicas y éticas, y las herramientas propuestas por los estoicos para desmantelar esta pasión.

Raíces Filosóficas del Odio: Juicios y Percepciones Erróneas

En el pensamiento estoico, el odio se origina en una combinación de ignorancia y una interpretación equivocada de los acontecimientos externos. Epicteto, en su célebre manual de vida, nos recuerda que "no son las cosas las que nos perturban, sino las opiniones que tenemos sobre ellas". Este principio subraya que el odio no surge de las acciones de otros, sino de nuestra percepción subjetiva de esas acciones. Al considerar que los actos ajenos constituyen una afrenta personal, permitimos que nuestras emociones nos gobiernen y que la razón quede eclipsada.

El odio, además, se arraiga en expectativas no realistas sobre la conducta humana. Exigimos perfección en los demás mientras ignoramos nuestras propias fallas, un dualismo que Marco Aurelio califica como antinatural. En sus *Meditaciones*, afirma que "los seres humanos están diseñados para cometer errores" y que reconocer esta realidad es esencial para vivir en armonía con nosotros mismos y con los demás. Este entendimiento no solo es una herramienta para desactivar el odio, sino también una guía para cultivar la tolerancia y la compasión.

Impacto Epistemológico y Ético del Odio

Desde una perspectiva epistemológica, el odio actúa como una distorsión del juicio que nos impide percibir la realidad con claridad. Esta pasión nubla nuestra capacidad para distinguir entre lo esencial y lo trivial, atrapándonos en una narrativa emocional que carece de fundamento racional. Al alimentar el odio, comprometemos nuestra capacidad para aplicar principios estoicos fundamentales, como la prudencia y la justicia, a nuestras interacciones con los demás.

El impacto ético del odio es igualmente corrosivo. Quienes se dejan dominar por esta emoción perpetúan ciclos de aversión y hostilidad que obstaculizan el desarrollo de relaciones basadas en la virtud. Además, el odio suele reflejar un descontento interno proyectado hacia el exterior, lo que refuerza la desconexión tanto con los demás como con nuestra propia esencia racional. Así, el odio no solo erosiona nuestras interacciones sociales, sino que también actúa como un obstáculo para la autorrealización.

El odio, por otra parte, limita nuestra capacidad de empatizar y reconocer las necesidades y perspectivas de los demás. Este aislamiento emocional contribuye a la creación de una barrera que impide el desarrollo de la solidaridad humana. Los estoicos sostienen que estas emociones deben ser enfrentadas con la misma determinación con la que se aborda cualquier error cognitivo, ya que no son más que desviaciones de un juicio correcto.

Superar el Odio a través de la Razón Estoica

El pensamiento estoico nos ofrece herramientas concretas para confrontar y trascender el odio. En lugar de verlo como una emoción incontrolable, los estoicos lo conceptualizan como una elección derivada de juicios erróneos. Reformular estas percepciones es el primer paso hacia la superación del odio.

1. **Reconocer la Falibilidad Humana**: La aceptación de la imperfección humana es una piedra angular del pensamiento estoico. Reconocer que todos, sin excepción, somos propensos al error nos permite abordar las acciones de los demás con una perspectiva más equilibrada y compasiva.

2. **Desarrollar la Empatía Activa**: Intentar comprender las motivaciones subyacentes a las acciones ajenas nos ayuda a trascender la superficie de sus actos y a humanizarlos. Este ejercicio no solo neutraliza el odio, sino que también refuerza nuestra capacidad para actuar con justicia y benevolencia.

3. **Examinar las Propias Percepciones**: La autoobservación crítica es esencial para identificar los prejuicios que alimentan el odio. Preguntarnos si nuestras reacciones están

fundamentadas en la razón o en una interpretación emocional nos permite rectificar los juicios distorsionados.

Herramientas Estoicas para la Transformación del Odio

1. **Meditación sobre la Naturaleza Común**: Reflexiona sobre el hecho de que todos los seres humanos compartimos una misma esencia racional y un destino común. Este ejercicio fomenta una percepción de interconexión que reduce las barreras emocionales del odio.

2. **Diálogo Interno Reflexivo**: Ante el surgimiento del odio, formula preguntas como: "¿Qué lección puedo extraer de esta situación?" o "¿Cómo puedo actuar de acuerdo con mis valores?". Estas interrogantes nos anclan en la virtud en lugar de permitirnos derivar hacia la reactividad.

3. **Visualización de la Impermanencia**: Imaginar la transitoriedad de las situaciones que generan odio nos ayuda a contextualizarlas dentro de un marco más amplio, reduciendo su impacto emocional.

4. **Actos Deliberados de Bondad**: Realizar gestos de benevolencia hacia quienes percibimos como "adversarios" transforma nuestra relación con ellos y fortalece nuestro carácter ético.

5. **Autodisciplina en la Respuesta**: Cultivar la capacidad de retrasar la reacción inmediata al odio permite que la razón recupere su dominio sobre la emoción. Este acto de autodisciplina fortalece la serenidad y la templanza.

6. **Estudio Filosófico Regular**: Sumergirse en los textos de los grandes estoicos, como Marco Aurelio y Séneca, refuerza la mentalidad necesaria para enfrentar el odio con ecuanimidad y racionalidad.

Reflexión Final

El odio, aunque potente, no es inmutable. Al emplear la razón como un antídoto contra las pasiones desordenadas, podemos liberarnos de sus efectos corrosivos y reconectar con la serenidad interior. La filosofía estoica nos enseña que el odio no es solo un adversario externo, sino una invitación a profundizar en nuestra práctica de la virtud.

Marco Aurelio escribe: "Cuando enfrentes el odio, reflexiona sobre tu propia humanidad y recuerda que aquello que condenas en otros puede ser una sombra de tus propias imperfecciones". Que este capítulo sea una guía para desmantelar las cadenas del odio y abrazar una vida en sintonía con la razón y la justicia. El esfuerzo de trascender el odio no solo ennoblece nuestra existencia, sino que también contribuye a la creación de un mundo más virtuoso y cohesionado.

CAPÍTULO 3. RESENTIMIENTO: SANANDO LAS HERIDAS DEL PASADO

El resentimiento es una emoción profundamente enraizada que, desde la óptica estoica, constituye una traba conceptual y emocional que nos ata a episodios y heridas pasadas, limitando nuestra capacidad de progresar en el presente.

A diferencia de emociones transitorias como la ira, el resentimiento opera de manera soterrada y prolongada, transformándose en un veneno silencioso que corroe tanto la paz interior como nuestra relación con el mundo. Este capítulo ofrece una exploración sistemática de las bases filosóficas del resentimiento, su impacto en la mente y el cuerpo, y las metodologías propuestas por el estoicismo para trascender esta condición.

Raíces Filosóficas del Resentimiento: Una Distorsión de la Justicia

En la filosofía estoica, el resentimiento se origina en una interpretación errónea de la justicia y en un apego desmesurado a expectativas insatisfechas. Surge de una narrativa interna que insiste en que los eventos "deberían" haber sido diferentes, lo cual perpetúa un ciclo de agravio y sufrimiento autoinfligido. Este juicio rígido refleja una desconexión con la naturaleza dinámica e impredecible de los acontecimientos externos.

Epicteto enfatiza que "no son los eventos los que nos perturban, sino las opiniones que generamos sobre ellos". En el contexto del resentimiento, esta afirmación se traduce en una obsesión por atribuir culpabilidad o significados fijos a eventos pasados, lo cual alimenta una sensación de victimización.

El resentimiento actúa como un ancla emocional que nos mantiene atrapados en un espacio de resistencia al cambio, bloqueando nuestra evolución personal y nuestra capacidad para adaptarnos a las lecciones inherentes a las experiencias desafiantes.

Además, el resentimiento está intrínsecamente ligado a una falta de perdón, tanto hacia los demás como hacia nosotros mismos. Este estado perpetúa una narrativa de alienación y desconfianza que no solo obstaculiza la reconciliación, sino que también impide la regeneración emocional y filosófica necesaria para alcanzar la virtud. Desde la perspectiva estoica, esta incapacidad para liberar el pasado refleja una disonancia cognitiva entre la naturaleza fluida del tiempo y nuestra fijación en lo inalterable.

Implicaciones Psicológicas y Físicas del Resentimiento

El resentimiento tiene efectos psicológicos y fisiológicos profundos. Psicológicamente, genera un ciclo de rumiación que consume los recursos cognitivos del individuo, atrapándolo en patrones de pensamiento negativos que minan la resiliencia emocional. Este estado perpetuado de autoconmiseración y agravio puede derivar en ansiedad crónica, depresión y una incapacidad para experimentar emociones positivas como la alegría o la gratitud.

Fisiológicamente, el resentimiento se asocia con respuestas sostenidas de estrés, activando mecanismos que deterioran el bienestar físico. El aumento en los niveles de cortisol y otros marcadores del estrés crónico contribuyen a problemas de salud como hipertensión, trastornos del sueño y una función inmunológica comprometida.

Esta conexión entre mente y cuerpo, ampliamente reconocida tanto por los estoicos como por la investigación contemporánea, subraya la importancia de abordar el resentimiento no solo desde una perspectiva filosófica, sino como una necesidad integral para la salud.

El resentimiento también limita nuestras interacciones sociales, perpetuando un ciclo de alienación y desconfianza. Esta emoción restringe nuestra capacidad de establecer conexiones significativas y de participar plenamente en el tejido comunitario.

Al aferrarnos a agravios pasados, fortalecemos una narrativa de victimización que erosiona nuestra capacidad para construir relaciones basadas en el respeto y la comprensión mutua.

Superar el Resentimiento desde el Enfoque Estoico

El estoicismo ofrece un marco robusto para confrontar y superar el resentimiento, centrado en la racionalidad, la reflexión y el autocontrol.

Este enfoque invita al individuo a reexaminar las narrativas que perpetúan el resentimiento y a reformularlas desde una perspectiva de autodominio y aceptación.

1. **Aceptar la Irrevocabilidad del Pasado**: Marco Aurelio enfatiza en sus *Meditaciones* que el pasado es inmutable y que nuestra tarea reside en reinterpretarlo desde una óptica de utilidad presente. "No permitas que el pasado te oprima; tu

fortaleza está en el momento actual". Reconocer esta verdad nos libera de la tensión emocional asociada con eventos que ya no podemos controlar ni cambiar.

2. **Perdón como Liberación Racional**: En la tradición estoica, el perdón no es un acto de indulgencia emocional, sino una decisión deliberada de liberar la mente del peso de los agravios. Este acto implica reconocer que las acciones ajenas, más que maliciosas, suelen ser producto de la ignorancia o las limitaciones humanas. El perdón se convierte en un mecanismo de autodominio, un ejercicio de control racional que transforma el resentimiento en una oportunidad de crecimiento.

3. **Cultivar la Justicia Interna**: En lugar de buscar reparación externa, el estoicismo promueve una justicia introspectiva fundamentada en la templanza y la compasión. Este enfoque permite priorizar la serenidad interior sobre el deseo de vindicación, otorgándonos el poder de redirigir nuestra energía hacia objetivos más elevados y virtuosos.

4. **Enfocarse en el Presente**: La atención plena y la orientación hacia el presente son herramientas esenciales para desactivar el poder del resentimiento. Al redirigir la energía hacia lo que está bajo nuestro control, debilitamos las cadenas emocionales que nos atan al pasado y fortalecemos nuestra conexión con el aquí y el ahora.

5. **Transformar el Resentimiento en Sabiduría**: Los estoicos invitan a reinterpretar los eventos que nos generaron resentimiento como lecciones necesarias para nuestro desarrollo. Este enfoque permite convertir el dolor en un catalizador para el autoconocimiento y la mejora personal.

Estrategias Estoicas para la Transformación del Resentimiento

1. **Reflexión Filosófica Regular**: Dedicar tiempo diariamente a examinar los agravios percibidos desde una perspectiva racional. Pregúntate: "¿Qué significado tiene este evento en el contexto más amplio de mi vida?" y "¿Cómo puedo reinterpretarlo de manera que fomente mi crecimiento?". Esta práctica de autoanálisis refuerza nuestra capacidad de abordar las emociones con claridad y propósito.

2. **Práctica del Amor Fati**: Adoptar una aceptación activa de los eventos tal como han ocurrido, viéndolos como parte del orden natural. Este ejercicio permite transformar los desafíos en oportunidades para desarrollar fortaleza y sabiduría, aceptando que incluso las experiencias difíciles tienen un propósito inherente en el flujo de la existencia.

3. **Meditación sobre la Impermanencia**: Reflexionar sobre la transitoriedad de las ofensas percibidas y de la vida misma. Este reconocimiento diluye la importancia que otorgamos a los agravios, situándolos en un marco de relatividad temporal. Comprender que todo es efímero nos ayuda a liberar el apego emocional al pasado.

4. **Fortalecer la Gratitud**: Identificar y valorar los aspectos positivos de la vida que han surgido a pesar, o incluso gracias, a las experiencias desafiantes. Este ejercicio fomenta un enfoque constructivo y restaurador hacia el pasado, permitiéndonos apreciar el crecimiento que ha resultado de las adversidades.

5. **Cultivo de Actos Virtuosos**: Participar activamente en actos de compasión y generosidad hacia los demás, lo cual refuerza la conexión humana y contrarresta la alienación

que fomenta el resentimiento. Estos gestos también nos permiten cultivar una perspectiva de comunidad y reciprocidad.

6. **Diálogo Interno Constructivo**: Practicar una conversación interna que cuestione los juicios rígidos y fomente respuestas más equilibradas y racionales. Esto permite identificar las distorsiones cognitivas que perpetúan el resentimiento.

Reflexión Final

El resentimiento, aunque complejo y persistente, no es insuperable. A través de las herramientas del estoicismo—la racionalidad, el perdón deliberado y el cultivo de la gratitud—, podemos liberarnos de sus efectos paralizantes y avanzar hacia una existencia más virtuosa y plena. Marco Aurelio sintetiza esta visión al escribir: "Si puedes corregir algo, hazlo; si no, deja que los eventos sigan su curso y actúa con serenidad".

Este capítulo ofrece un llamado a transformar el resentimiento en una oportunidad para profundizar en los principios estoicos, reforzar nuestro compromiso con la virtud y descubrir una nueva capacidad para vivir el presente con autenticidad y serenidad. Al sanar las heridas del pasado, no solo recuperamos nuestra libertad emocional, sino que también nos alineamos con el propósito más elevado de la filosofía estoica: vivir en armonía con la naturaleza y nuestra propia racionalidad.

CAPÍTULO 4. MALDAD: COMPRENDIENDO Y TRASCENDIENDO LA INTENCIÓN DESTRUCTIVA

La maldad, en el marco de la filosofía estoica, no se concibe como un rasgo inherente a la naturaleza humana, sino como una manifestación de la ignorancia, un alejamiento de la razón y una desconexión de los principios universales que guían la virtud. Más que un atributo esencial, la maldad es el resultado de una percepción distorsionada de lo que es verdaderamente bueno o deseable, y su proliferación perpetúa una discordancia tanto en el individuo como en el tejido social. Este capítulo aborda con mayor profundidad la naturaleza filosófica de la maldad, sus ramificaciones éticas y emocionales, así como las estrategias estoicas para contrarrestar sus efectos destructivos.

La Maldad Como Desviación de la Razón y la Virtud

Desde la perspectiva estoica, la virtud y la razón están indisolublemente unidas, conformando el eje rector de una vida en armonía con la naturaleza. Cuando un individuo actúa con maldad, no está ejerciendo su capacidad racional de manera adecuada, sino que se deja guiar por pasiones descontroladas, intereses egoístas o temores irracionales. Epicteto subraya: "Nadie comete maldad deliberadamente; quienes actúan mal lo hacen porque desconocen el camino correcto". Este enfoque redefine nuestra comprensión de la maldad, no como una condición intrínseca, sino como una desviación del orden racional y virtuoso que caracteriza al ser humano.

La maldad, entendida como una consecuencia de la ignorancia, implica un fracaso en la alineación del individuo con los valores universales de justicia, templanza, prudencia y coraje. Este fracaso no solo afecta la conducta externa del individuo, sino que también corroe su integridad interna, creando un estado de disonancia que perpetúa el alejamiento de la virtud. El mal no es el resultado de una predisposición ontológica, sino una elección equivocada derivada de un juicio defectuoso. Esta perspectiva invita a abordar la maldad con una mezcla de firmeza ética y compasión racional, reconociendo que su superación es posible mediante el cultivo de la virtud y la educación filosófica.

Implicaciones Éticas y Emocionales de la Maldad

Los actos maliciosos no solo afectan a quienes los sufren, sino también a quienes los cometen, erosionando su integridad ética y emocional. Desde una óptica estoica, cada acción malvada refuerza patrones de comportamiento que distancian al perpetrador de la virtud, consolidando un estado de disonancia interna. Marco Aurelio señala en sus *Meditaciones*: "Al dañar a otro, te dañas a ti mismo; el mal que infliges a los demás se refleja en tu propia alma". Este principio subraya la naturaleza autodestructiva de la maldad, que desintegra la coherencia interna necesaria para una vida racional.

En el plano emocional, la maldad alimenta ciclos de conflicto y resentimiento que comprometen tanto al agresor como a la víctima. Las pasiones negativas, como la ira, la codicia y el miedo, actúan como motores de la malicia, generando una espiral descendente que socava la paz interior y la capacidad de forjar vínculos auténticos. Además, el impacto acumulativo de la maldad se extiende a nivel comunitario, fomentando divisiones y desconexiones que minan la cohesión social. Así, la maldad emerge como un obstáculo no solo para la excelencia moral, sino también para la felicidad personal y la armonía comunitaria.

Trascender la Maldad: Principios Estoicos para la Transformación

El estoicismo ofrece un enfoque sistemático para confrontar y superar la maldad, tanto en uno mismo como en los demás. Este proceso requiere el fortalecimiento de la virtud, el ejercicio de la compasión racional y la práctica de un juicio ecuánime fundamentado en la razón.

1. **Reconocimiento de la Humanidad Común**: Los estoicos enfatizan que todos los seres humanos comparten una naturaleza racional y una propensión al error. Este entendimiento nos permite trascender el juicio visceral y abordar la maldad desde una perspectiva de empatía y posibilidad de cambio. Epicteto afirma: "Cuando observes maldad en otro, no lo condenes; en su lugar, procura educar con tu ejemplo". Este enfoque no solo desarma las reacciones emocionales, sino que también crea un espacio para el entendimiento mutuo.

2. **Compasión Racional como Herramienta Ética**: La compasión estoica no es indulgencia, sino un acto de

comprensión fundamentado en la razón. Al analizar las motivaciones erróneas que subyacen a la maldad, se abre la puerta a una respuesta equilibrada que rechaza tanto la retribución ciega como la pasividad moral. La compasión racional permite al individuo responder a la maldad de manera proactiva, fomentando un entorno donde predominen la reconciliación y el crecimiento ético.

3. **Fortalecimiento de la Virtud Personal**: Ante la maldad, el mejor escudo es una virtud sólida e inquebrantable. Practicar la templanza nos permite mantener la serenidad frente a las provocaciones; la justicia nos orienta hacia acciones equitativas; el coraje nos proporciona la fuerza para enfrentar el mal, y la prudencia guía nuestras decisiones hacia el bien común. Este fortalecimiento no solo protege al individuo de ser arrastrado por la negatividad, sino que también lo convierte en un agente activo de cambio positivo.

4. **Reevaluación de los Juicios**: Marco Aurelio aconseja: "No atribuyas malicia a lo que puede explicarse por ignorancia". Este principio invita a reinterpretar las acciones maliciosas desde una perspectiva objetiva, reduciendo las reacciones emocionales desproporcionadas y fomentando respuestas basadas en la razón. Esta reevaluación contribuye a desactivar el ciclo de hostilidad que la maldad perpetúa.

Herramientas Estoicas para Enfrentar la Maldad

1. **Meditación sobre la Imperfección Humana**: Reflexionar sobre la falibilidad inherente a todos los seres humanos, incluida la propia, fomenta la humildad y disuelve la tendencia al juicio severo. Este ejercicio facilita la comprensión y la reconciliación, creando una base para interacciones más constructivas.

2. **Práctica del Perdón Racional**: Liberarse del peso emocional asociado a las ofensas percibidas permite transformar los agravios en oportunidades para el desarrollo del carácter y la consolidación de la virtud. Este perdón no implica olvidar, sino reinterpretar las acciones desde una óptica que priorice el crecimiento personal.

3. **Visualización de la Interconexión Universal**: Imaginar cómo cada acción, incluso las maliciosas, se inserta en un entramado más amplio de causas y efectos contribuye a situar la maldad en un contexto de mayor comprensión y resiliencia. Este enfoque fomenta una visión integradora y una actitud proactiva ante los desafíos éticos.

4. **Actos Deliberados de Benevolencia**: Responder a la maldad con generosidad consciente fortalece no solo nuestra propia virtud, sino también la conexión con los demás, promoviendo un entorno de reciprocidad y entendimiento. Estos actos tienen el potencial de contrarrestar directamente los efectos divisivos de la maldad.

5. **Estudio Filosófico Regular**: Profundizar en los textos estoicos permite integrar sus principios en nuestra vida diaria, equipándonos con las herramientas necesarias para abordar la maldad de manera consistente y efectiva. Este estudio refuerza el compromiso con la virtud y la capacidad de actuar conforme a los ideales filosóficos.

Reflexión Final

La maldad, aunque destructiva, no es irreparable. Al adoptar las herramientas del estoicismo, podemos no solo resistir sus efectos, sino también convertirla en una oportunidad para el crecimiento ético y la fortaleza interior. Este enfoque beneficia tanto a quienes enfrentan la maldad como a quienes la perpetúan, al abrir un camino hacia la redención racional y la virtud compartida.

Marco Aurelio concluye con sabiduría: "El mejor modo de enfrentarte al mal es no parecerte a él". Este capítulo aspira a inspirar en los lectores un compromiso renovado con la virtud y una disposición a trascender la maldad con firmeza, compasión y una profunda conexión con la razón y la naturaleza. Con cada acto de virtud, contribuimos a un mundo más equilibrado y justo, reafirmando el poder transformador de la filosofía estoica.

CAPÍTULO 5. IRA: LA PÉRDIDA DEL CONTROL INTERIOR Y EL CAMINO HACIA LA SERENIDAD

La ira, analizada desde la perspectiva estoica, representa una de las pasiones más disruptivas y autodestructivas que afectan a la naturaleza humana. A diferencia de emociones como el miedo o la tristeza, que poseen un componente adaptativo, la ira destaca por su capacidad de desbordar la razón, nublar el juicio y desencadenar acciones impulsivas. Estas acciones no solo comprometen la coherencia interna del individuo, sino que también alteran la armonía en las relaciones sociales y en el entorno comunitario.

Este capítulo aborda con profundidad las raíces filosóficas de la ira, su impacto en las múltiples dimensiones del ser humano y las estrategias estoicas destinadas a neutralizar su influencia, transformándola en una oportunidad para el desarrollo moral y ético.

La Ira como Distorsión del Juicio: Una Reflexión Filosófica

Desde la tradición estoica, la ira no emana de los eventos externos en sí mismos, sino de nuestras interpretaciones subjetivas sobre ellos. Epicteto proclama: "No nos afecta lo que sucede, sino lo que pensamos sobre lo que sucede".

La ira surge como un juicio equivocado que magnifica una percepción de injusticia o amenaza, transformándose en una emoción que socava la estabilidad interna.

Este juicio defectuoso, lejos de ser una reacción lógica, refleja un autoengaño que perpetúa conflictos innecesarios y profundiza la desconexión con la razón.

Séneca, en su tratado *De Ira*, describe esta pasión como una "locura momentánea" que perturba la percepción de la realidad y conduce al individuo a decisiones precipitadas que a menudo contravienen los principios de la virtud. Para los estoicos, la supresión de la ira no es solo un acto de autocontrol emocional, sino un imperativo ético. El dominio sobre esta emoción habilita al ser humano para actuar en consonancia con su naturaleza racional y virtuosa, consolidando un camino hacia la excelencia moral.

La ira también puede ser vista como una expresión de impotencia, una señal de que el individuo ha perdido momentáneamente el control sobre su capacidad de responder a los eventos de manera virtuosa.

Desde esta perspectiva, no es solo un defecto emocional, sino una oportunidad para fortalecer la conexión entre juicio y acción, cultivando una mayor coherencia interior.

Impacto Multidimensional de la Ira

La ira afecta al individuo de manera holística, dejando huellas profundas en los planos psicológico, físico y social. En el ámbito psicológico, perpetúa un ciclo de reactividad que deteriora la capacidad de discernimiento.

Una mente atrapada en la ira se vuelve incapaz de evaluar las situaciones desde una perspectiva serena y objetiva, lo que a menudo conduce a decisiones que exacerban los problemas iniciales en lugar de resolverlos. La persistencia de este estado emocional mina la autoestima y puede derivar en un sentimiento crónico de insatisfacción.

En el plano físico, la ira desencadena respuestas de estrés sostenidas que pueden derivar en hipertensión, trastornos del sueño, problemas digestivos y una disminución de la función inmunológica.

Los picos de adrenalina y cortisol asociados con esta emoción tienen efectos a largo plazo que pueden comprometer la salud cardiovascular y el bienestar general. Esta conexión mente-cuerpo, reconocida tanto por la filosofía estoica como por la investigación científica contemporánea, subraya la importancia de abordar la ira no solo como un desafío emocional, sino también como una cuestión fundamental para el bienestar integral del individuo.

En el ámbito social, la ira es un catalizador de conflictos y divisiones. Al fomentar reacciones desproporcionadas, dificulta la resolución pacífica de diferencias y erosiona la confianza entre los individuos.

En su manifestación colectiva, esta pasión puede fragmentar comunidades y perpetuar ciclos de resentimiento y hostilidad, impidiendo la construcción de relaciones auténticas y duraderas.

Las sociedades que no logran manejar las dinámicas de la ira enfrentan una mayor polarización y una erosión de los valores de cohesión y respeto mutuo.

Principios Estoicos para Trascender la Ira

El estoicismo ofrece un marco metódico para abordar la ira, basado en la reestructuración de los juicios, el fortalecimiento de la virtud y la reafirmación de la conexión con la razón. Estas estrategias no solo buscan mitigar la ira, sino también convertirla en una oportunidad para el autoconocimiento y el crecimiento ético.

1. **Cuestionar los Juicios Erróneos**: Identificar y desafiar las percepciones que generan la ira es el primer paso hacia su superación. Preguntas como "¿Esta situación justifica realmente mi reacción?" o "¿Estoy interpretando esto de manera objetiva?" fomentan una autoobservación crítica que neutraliza la impulsividad. Este proceso no solo desactiva la emoción inmediata, sino que también fortalece la capacidad de discernir con claridad en futuros escenarios similares.

2. **Pausa Reflexiva Deliberada**: Antes de responder a una situación que provoca ira, es esencial detenerse y reflexionar. Esta pausa permite al individuo procesar la experiencia desde una perspectiva racional, reduciendo la intensidad de la emoción y permitiendo una reacción alineada con los valores estoicos de templanza y prudencia. La pausa no debe interpretarse como inacción, sino como una herramienta activa para restaurar el equilibrio interno.

3. **Empatía Basada en la Razón**: Intentar comprender las motivaciones y limitaciones de quienes provocan nuestra ira fomenta una conexión más genuina con ellos. Este ejercicio no solo mitiga la intensidad emocional, sino que también transforma el conflicto en una oportunidad para la reconciliación. La empatía racional permite distinguir entre la intención y el impacto, ofreciendo un enfoque más equilibrado para abordar los agravios.

4. **Adopción del Amor Fati**: Este principio invita a aceptar los eventos como necesarios e inevitables dentro del orden natural. Al adoptar esta perspectiva, el individuo desarrolla una resiliencia emocional que permite transformar la

adversidad en una oportunidad de aprendizaje y crecimiento. La aceptación no implica resignación, sino una afirmación activa de la capacidad para enfrentar las circunstancias con integridad y sabiduría.

5. **Fortalecimiento de la Virtud del Autocontrol**: Practicar el autocontrol en situaciones cotidianas refuerza la capacidad de gestionar emociones más intensas. La templanza, como antídoto contra la ira, se convierte en una herramienta indispensable para mantener la serenidad. Este fortalecimiento requiere un compromiso diario con pequeños actos de disciplina que, acumulativamente, transforman la respuesta emocional.

Herramientas Estoicas para el Cultivo de la Serenidad

1. **Meditación sobre la Serenidad**: Reflexionar diariamente sobre el ideal estoico de la serenidad fortalece la capacidad de actuar con calma en situaciones desafiantes. Visualizar respuestas racionales ante posibles provocaciones fomenta una mentalidad resiliente. La repetición constante de este ejercicio refuerza los circuitos mentales que sostienen la calma bajo presión.

2. **Perspectiva Temporal**: Evaluar la relevancia futura de las situaciones que desencadenan ira ayuda a relativizar las ofensas percibidas. Preguntarse: "¿Esto tendrá importancia dentro de un año?" permite priorizar lo verdaderamente significativo. Esta perspectiva contribuye a reducir el peso emocional de eventos menores y a enfocarse en objetivos más trascendentales.

3. **Diálogo Interno Racional**: Cultivar un monólogo interno que enfatice el control sobre las propias reacciones refuerza la autonomía emocional. Frases como "No puedo controlar a los demás, pero sí cómo respondo" sirven como anclas

racionales. Este diálogo continuo fomenta un estado de vigilancia mental que protege contra la irrupción de pasiones descontroladas.

4. **Actos Deliberados de Paciencia**: Practicar la paciencia en interacciones cotidianas, como en el tráfico o al enfrentar contratiempos menores, desarrolla la capacidad de responder con templanza en situaciones más complejas. Cada acto de paciencia es un paso hacia la construcción de un carácter más resiliente y virtuoso.

5. **Estudio Filosófico Constante**: Leer y reflexionar sobre obras estoicas proporciona una base teórica y práctica para enfrentar las pasiones. Los tratados de Séneca y las *Meditaciones* de Marco Aurelio son recursos fundamentales para fortalecer la capacidad de gestionar la ira. Este estudio debe ser un esfuerzo continuo, alimentando el intelecto y fortaleciendo la voluntad.

Reflexión Final

La ira, aunque poderosa y profundamente humana, puede ser transformada mediante la práctica filosófica y la introspección. Las herramientas del estoicismo permiten no solo desactivar los efectos destructivos de esta pasión, sino también utilizarla como un catalizador para el crecimiento personal y la excelencia moral. Marco Aurelio expresa esta idea con claridad: "El mejor modo de vengarte es no parecerte a quien te hizo daño". Este principio invita a los lectores a trascender la ira, no como un desafío emocional incontrolable, sino como una oportunidad para desarrollar virtudes y fomentar la serenidad interior.

Este capítulo aspira a inspirar una comprensión más profunda de la ira como un fenómeno filosófico que, al ser enfrentado con sabiduría y templanza, se convierte en una vía hacia la armonía interior y el fortalecimiento de las relaciones humanas. En este proceso, el individuo no solo recupera el control sobre su vida emocional, sino que también contribuye al desarrollo de una sociedad más justa y equilibrada. La transformación de la ira en un vehículo para la virtud reafirma la capacidad humana de vivir conforme a los principios más elevados de la razón y la naturaleza.

CAPÍTULO 6. CODICIA: EL DESEO DESMESURADO Y LA ILUSIÓN DE LA SATISFACCIÓN PERMANENTE

La codicia, entendida como el afán insaciable por acumular riqueza, bienes materiales o poder, es una de las desviaciones más profundas y peligrosas del juicio racional desde la perspectiva estoica. Este impulso no solo revela un error fundamental en la valoración de lo que es realmente valioso, sino que perpetúa un estado de carencia psicológica que desvía al individuo de su propósito esencial: vivir en virtud y en armonía con la naturaleza. Este capítulo analiza con profundidad las raíces de la codicia, sus efectos perniciosos tanto a nivel personal como social, y las estrategias propuestas por el estoicismo para neutralizar esta inclinación destructiva.

Naturaleza Filosófica de la Codicia: Una Distorsión de los Valores Intrínsecos

Desde la óptica estoica, la codicia surge de una confusión esencial entre aquello que tiene valor intrínseco y lo que es meramente instrumental. Los estoicos sostienen que solo las virtudes—sabiduría, justicia, templanza y coraje—poseen un valor auténtico, mientras que las riquezas y los bienes materiales carecen de valor inherente. Estos bienes son considerados indiferentes y solo adquieren relevancia en la medida en que se utilizan en armonía con los principios virtuosos.

Epicteto enfatiza: "El verdadero bien no reside en lo que posees, sino en lo que eres". Sin embargo, la codicia orienta la atención hacia lo externo, alimentando la creencia errónea de que la acumulación de bienes garantiza la felicidad y la seguridad. Este deseo desmedido, al ignorar los límites naturales de la necesidad humana, genera un ciclo interminable de insatisfacción y ansiedad. Cada logro se convierte en un peldaño hacia un anhelo aún mayor, perpetuando un vacío existencial que desestabiliza al individuo.

Además, la codicia actúa como una forma de alienación de la verdadera esencia del ser humano. Al priorizar lo material sobre lo espiritual, desdibuja la conexión con la naturaleza racional y conduce al individuo a un estado de desconexión consigo mismo y con el orden natural del universo.

Impacto Multidimensional de la Codicia

La codicia tiene implicaciones devastadoras en múltiples niveles: el personal, el físico y el social. En el ámbito personal, quienes se ven atrapados en este impulso experimentan una sensación constante de insuficiencia. Cada adquisición genera un deseo mayor, perpetuando un ciclo en el que la satisfacción se convierte en un objetivo inalcanzable. Esta mentalidad no solo afecta la capacidad de disfrutar del presente, sino que también alimenta la frustración y el descontento.

Desde una perspectiva física, la codicia se manifiesta en estrés crónico y agotamiento. El esfuerzo constante por adquirir más bienes desgasta al individuo, afectando su salud física y mental. Los trastornos relacionados con la ansiedad, la hipertensión y el insomnio son comunes entre quienes dedican su energía exclusivamente a la acumulación material, a menudo sacrificando sus necesidades emocionales y sociales en el proceso.

En el ámbito social, la codicia es un motor de desigualdades, explotación y corrupción. Este impulso alimenta sistemas económicos y sociales que priorizan el beneficio individual sobre el bienestar colectivo. La acumulación desmedida de riqueza por parte de unos pocos genera divisiones económicas que erosionan los valores fundamentales de equidad y justicia. Esta dinámica perpetúa un ciclo de desconfianza y resentimiento que mina la cohesión comunitaria y aleja a las sociedades del ideal estoico de armonía y solidaridad.

Estrategias Estoicas para Trascender la Codicia

El estoicismo proporciona un marco práctico para enfrentar y superar la codicia, centrado en la reorientación de valores y en el cultivo de la gratitud y la suficiencia. Estas estrategias invitan a reflexionar sobre la verdadera naturaleza de la riqueza y a redefinir nuestras prioridades.

1. **Revaluar el Concepto de Riqueza**: Según los estoicos, la verdadera riqueza reside en la capacidad de vivir conforme a la virtud. Pregúntate: "¿Estoy persiguiendo estos bienes por necesidad real o por una ilusión de seguridad y estatus?".

2. **Practicar la Gratitud Diaria**: Reflexiona sobre lo que ya posees y encuentra satisfacción en ello. Este ejercicio no solo mitiga el deseo de acumular más, sino que también

fortalece la capacidad de apreciar lo esencial, promoviendo una relación más equilibrada con los bienes materiales.

3. **Adoptar la Simplicidad Voluntaria**: Simplifica tu vida eliminando lo superfluo y concentrándote en lo esencial. Esta práctica fomenta una mentalidad orientada hacia la virtud y las relaciones significativas, alejándote de la dependencia de lo material.

4. **Meditación sobre la Impermanencia**: Reflexiona sobre la transitoriedad de todas las cosas materiales. Reconocer que nada es eterno nos ayuda a liberarnos del apego excesivo y a aceptar tanto la pérdida como la ganancia con serenidad.

5. **Cultivar la Generosidad Activa**: Comparte tus bienes con los demás como un acto de desprendimiento. La generosidad no solo beneficia a quienes reciben, sino que también libera al dador del dominio de la codicia, reforzando su carácter y su conexión con la comunidad.

Herramientas Estoicas para una Vida de Suficiencia

1. **Diario Filosófico**: Dedica tiempo a reflexionar sobre tus deseos materiales y examinar si están alineados con tus valores fundamentales. Pregúntate: "¿Este deseo me acerca a la virtud o refuerza mi dependencia de lo externo?".

2. **Visualización Negativa**: Imagina cómo sería tu vida si perdieras todo lo que posees. Este ejercicio, lejos de generar ansiedad, fortalece la gratitud por lo que ya tienes y reafirma que la verdadera fortaleza radica en la virtud.

3. **Estudio Filosófico**: Estudia las obras de los grandes estoicos, como Marco Aurelio y Séneca, para profundizar en la comprensión de la suficiencia y de los valores

esenciales. Este conocimiento te permitirá fortalecer tu resistencia frente a las tentaciones de la codicia.

4. **Cultivo del Contento Interior**: Encuentra satisfacción en el momento presente y en lo que ya posees. Este estado de contento es el antídoto más eficaz contra la insatisfacción perpetua que genera la codicia, promoviendo una vida enraizada en la paz interior.

Reflexión Final

La codicia, aunque profundamente enraizada en la condición humana, no es invencible. A través de las enseñanzas estoicas, podemos redirigir nuestro enfoque hacia lo que es verdaderamente valioso, trascendiendo la obsesión por lo material. Al adoptar una relación más sabia y moderada con los bienes, el individuo no solo se libera de la insatisfacción crónica, sino que también redescubre una vida de serenidad y virtud.

Como enseña Marco Aurelio: "Poco se necesita para vivir una vida feliz; todo está dentro de ti, en tu forma de pensar". Este capítulo invita al lector a replantear su relación con la riqueza y a comprometerse con un camino de moderación, gratitud y justicia. Al trascender la codicia, no solo encontramos paz interior, sino que también contribuimos a la creación de una sociedad más equitativa, virtuosa y alineada con los principios universales del estoicismo.

CAPÍTULO 7. ORGULLO DESMEDIDO: LA ILUSIÓN DE LA SUPERIORIDAD Y EL DESPRECIO DE LA VIRTUD

El orgullo desmedido, entendido como la sobreestimación de uno mismo acompañada del menosprecio hacia los demás, constituye una de las distorsiones más profundas del juicio humano desde la óptica estoica. Esta inclinación no solo refleja un error conceptual acerca del propio valor, sino que perpetúa un estado de desconexión con la comunidad y una desviación de los ideales de la virtud y la armonía natural. Este capítulo examina con profundidad las raíces filosóficas del orgullo desmedido, sus implicaciones en la vida interna y social, y las estrategias estoicas diseñadas para desactivarlo y trascenderlo.

Naturaleza Filosófica del Orgullo Desmedido: Una Evaluación Errónea de la Grandeza

En el pensamiento estoico, el orgullo desmedido surge de una confusión entre lo que es verdaderamente valioso y lo que no lo es. Los estoicos sostienen que la verdadera grandeza radica exclusivamente en la virtud: sabiduría, justicia, templanza y coraje. Por tanto, cualquier sentimiento de superioridad basado en logros externos, posesiones materiales o reconocimiento social constituye una ilusión que desvía al individuo de su propósito ético.

Marco Aurelio, en sus *Meditaciones*, señala: "Todo lo que escuchas es una opinión, no un hecho; todo lo que ves es una perspectiva, no la verdad". De manera similar, el orgullo desmedido se basa en percepciones infladas y subjetivas que rara vez se corresponden con la realidad. Este estado perpetúa una desconexión entre el individuo y su naturaleza racional, atrapándolo en un ciclo de autocomplacencia que impide su desarrollo moral.

El orgullo desmedido, además, actúa como una barrera para la autocomprensión. Al ensimismarse en una falsa percepción de superioridad, el individuo se cierra a la posibilidad de reconocer sus propias limitaciones y defectos, lo que a su vez obstaculiza el aprendizaje y la transformación personal. Este proceso no solo compromete el crecimiento interior, sino que también debilita los vínculos sociales necesarios para una vida comunitaria armoniosa.

Impacto del Orgullo Desmedido en la Vida Interior y Exterior

El orgullo desmedido afecta de manera significativa tanto la vida interior del individuo como sus interacciones externas. En el plano interno, genera una desconexión con la humildad, una de las virtudes más apreciadas en el estoicismo. Esta desconexión perpetúa un estado de insatisfacción constante, ya que el orgullo desmedido requiere validación externa continua para sostenerse.

En el ámbito emocional, esta inclinación incrementa el temor al fracaso y la aversión a la crítica. Al basar su autoestima en estándares externos y frágiles, el individuo se encuentra en un estado de vulnerabilidad emocional que mina su paz interior. Además, esta dependencia de la aprobación externa perpetúa un ciclo de búsqueda interminable de reconocimiento, intensificando la ansiedad y el estrés.

En el plano social, el orgullo desmedido erosiona las relaciones interpersonales. La percepción de superioridad genera resentimiento, desconfianza y distanciamiento, dificultando la creación de vínculos genuinos y significativos. A nivel comunitario, fomenta una competitividad malsana que socava los valores de cooperación y equidad, esenciales para una sociedad armoniosa. Este fenómeno fragmenta las comunidades, alejándolas de los ideales de solidaridad y respeto mutuo que promueve el estoicismo.

Estrategias Estoicas para Trascender el Orgullo Desmedido

El estoicismo ofrece un marco riguroso y práctico para confrontar y superar el orgullo desmedido. Estas estrategias buscan reorientar el enfoque hacia la virtud, fomentar la humildad y fortalecer los lazos comunitarios mediante una mayor conciencia de nuestra interdependencia.

1. **Fomentar la Humildad Filosófica**: Reconocer que todos los seres humanos comparten una naturaleza común, marcada por errores y limitaciones, es esencial para debilitar la percepción de superioridad. Este reconocimiento nos recuerda que nuestra valía radica en cómo cultivamos nuestras virtudes, no en cómo nos comparamos con los demás.

2. **Practicar la Autoobservación Crítica**: Reflexionar regularmente sobre las propias acciones y motivaciones permite identificar las raíces del orgullo desmedido.

Pregúntate: "¿Estoy actuando desde un compromiso con la virtud o buscando validación externa?". Este ejercicio fomenta una conciencia más profunda y un crecimiento personal sostenido.

3. **Adoptar una Perspectiva Cósmica**: Reflexionar sobre la vastedad del universo y la transitoriedad de la existencia ayuda a situar las preocupaciones sobre la propia importancia en un contexto más amplio. Marco Aurelio señala: "En el gran esquema de la naturaleza, tus logros son insignificantes". Este enfoque promueve la gratitud y la humildad, debilitando la obsesión con el propio ego.

4. **Participar en Actos de Generosidad y Servicio**: Al centrarte en las necesidades de los demás, reduces la atención en ti mismo y refuerzas los lazos comunitarios. Este enfoque transforma el orgullo en una disposición para la cooperación y el servicio, elementos clave de una vida virtuosa.

5. **Aceptar la Crítica Constructiva**: Considerar la crítica no como un ataque, sino como una oportunidad para aprender y mejorar, fortalece el carácter. Este cambio de perspectiva transforma el orgullo desmedido en una apertura hacia el crecimiento continuo.

Herramientas Estoicas para Cultivar la Humildad

1. **Meditación sobre la Interdependencia**: Reflexionar sobre cómo cada logro personal depende de la colaboración y el apoyo de otros refuerza la comprensión de nuestra conexión con la comunidad y debilita la ilusión de autosuficiencia absoluta.

2. **Diario Filosófico**: Registrar pensamientos y comportamientos relacionados con el orgullo desmedido

ayuda a identificar patrones y a evaluar si nuestras acciones están alineadas con los principios estoicos.

3. **Estudio Filosófico Sistematizado**: Profundizar en las obras de los estoicos clásicos, como las *Meditaciones* de Marco Aurelio o las cartas de Séneca, proporciona orientación práctica para cultivar la humildad y mantener un enfoque en la virtud.

4. **Visualización de la Mortalidad**: Reflexionar sobre la brevedad de la vida y la inevitabilidad de la muerte sitúa las preocupaciones egocéntricas en una perspectiva más amplia. Este ejercicio fomenta la serenidad y una apreciación renovada por lo esencial.

5. **Reconocimiento de las Virtudes en los Demás**: Dedicar tiempo a observar y celebrar los logros y cualidades de quienes te rodean fortalece la conexión humana y reduce la tendencia hacia la autocomplacencia.

Reflexión Final

El orgullo desmedido, aunque una inclinación profundamente humana, no es insuperable. Al adoptar los principios del estoicismo y cultivar la humildad, la empatía y la cooperación, podemos liberar nuestra mente de su influencia y reconectar con una vida enraizada en la virtud. Esta transformación no solo beneficia al individuo, sino que también fortalece las relaciones comunitarias y contribuye a un entorno social más justo y solidario.

Como enseña Epicteto: "No te glories por nada que no sea tu propio progreso moral". Este capítulo invita al lector a reflexionar sobre las verdaderas fuentes de grandeza y a comprometerse con un camino de virtud, servicio y humildad. Al trascender el orgullo desmedido, nos alineamos más plenamente con los principios universales de justicia y equidad, y descubrimos una vida de paz interior y armonía colectiva.

CAPÍTULO 8. PEREZA: LA RENUNCIA A LA VIRTUD Y EL ESTANCAMIENTO DEL ESPÍRITU

La pereza, en su definición más filosófica, es la resistencia a actuar en conformidad con la virtud y la razón, una inclinación que contradice la naturaleza activa y racional del ser humano según la doctrina estoica. No se trata simplemente de una falta de actividad física, sino de una disposición mental que elude el esfuerzo moral y el compromiso con el progreso ético. Este capítulo aborda, con un enfoque profundo y analítico, las raíces filosóficas de la pereza, su impacto en las dimensiones personal y social, y las herramientas estoicas para confrontar y superar esta inclinación paralizante.

Naturaleza Filosófica de la Pereza: Una Abdicación del Propósito

Para los estoicos, la pereza representa una negación activa del deber esencial del ser humano: vivir conforme a la virtud y en armonía con la naturaleza. Marco Aurelio escribe: "Cada ser tiene una función y la del ser humano es actuar conforme a la razón. La inercia contradice este principio fundamental". Así, la pereza no es solo la ausencia de acción, sino la negativa a cumplir con la responsabilidad inherente de transformar el potencial en virtud.

Este estado de inercia perpetúa una falsa sensación de confort que adormece el espíritu. Al evitar enfrentar los desafíos necesarios para la transformación moral, el individuo se refugia en una complacencia estéril que no solo limita el crecimiento personal, sino que también fomenta un vacío existencial. Este vacío, lejos de ser neutral, intensifica el sentimiento de futilidad, alejando al individuo de la autorrealización y la paz interior.

Impacto de la Pereza en la Vida Interior y Exterior

En la Vida Interior

La pereza actúa como un agente corrosivo en la vida interior, atrofia las capacidades del espíritu y debilita la conexión del individuo con sus virtudes cardinales. Al evitar la acción deliberada, se pierde la oportunidad de fortalecer el autocontrol, la templanza y el coraje. Este estado perpetúa la apatía y erosiona la confianza en uno mismo, generando un círculo vicioso donde la inercia alimenta la duda y la incapacidad percibida.

Además, la pereza es una forma de procrastinación existencial: postergar indefinidamente el compromiso con la mejora personal y el cumplimiento del propósito ético. Este aplazamiento perpetúa la desconexión entre lo que el individuo sabe que debería hacer y lo que efectivamente hace, profundizando la insatisfacción y la alienación interna.

En la Vida Exterior

En el ámbito social, la pereza impacta negativamente las relaciones interpersonales y la cohesión comunitaria. La falta de esfuerzo por contribuir al bienestar colectivo genera una actitud de indiferencia que erosiona la confianza y la solidaridad. A nivel macro, cuando la pereza se convierte en un fenómeno colectivo, puede paralizar el progreso de comunidades enteras, perpetuando estructuras de desigualdad y apatía social que son antitéticas al ideal estoico de justicia y cooperación.

La inacción no es neutral; tiene consecuencias tangibles que afectan tanto al individuo como a su entorno. En este sentido, la pereza no es simplemente un estado personal, sino un fenómeno que puede tener repercusiones significativas en el tejido social y en la capacidad de una comunidad para avanzar hacia el bien común.

Estrategias Estoicas para Superar la Pereza

El estoicismo ofrece un conjunto de prácticas y reflexiones diseñadas para confrontar y trascender la pereza. Estas herramientas buscan reactivar el compromiso con la virtud, fortalecer la voluntad y promover una vida alineada con los principios éticos más elevados.

1. **Reconocer la Pereza como una Desviación Ética**: Reflexiona sobre cómo la pereza contradice tu naturaleza racional y tu propósito como ser humano. Pregúntate: "¿Estoy cumpliendo con mi deber de vivir en virtud, o estoy permitiendo que la inercia gobierne mis acciones?". Este cuestionamiento es el primer paso para reconectar con el deber moral.

2. **Practicar la Acción Deliberada**: En lugar de esperar la motivación, inicia acciones pequeñas pero significativas que refuercen tu compromiso con la virtud. Marco Aurelio aconseja: "Levántate y actúa, no porque el esfuerzo sea fácil, sino porque es tu deber".

3. **Establecer Rutinas Filosóficas**: Diseña una estructura diaria que incluya momentos de reflexión, lectura de textos estoicos y prácticas de autocontrol. Estas rutinas no solo fortalecen la disciplina, sino que también generan un sentido de logro que combate la apatía.

4. **Enfocarse en el Momento Presente**: La procrastinación, que alimenta la pereza, a menudo surge del temor al fracaso o de la percepción de que las tareas son abrumadoras. Centrarte exclusivamente en el presente reduce esta parálisis y fomenta la acción inmediata.

5. **Visualizar las Consecuencias de la Inacción**: Reflexiona sobre el costo de no actuar, tanto para tu desarrollo personal como para quienes te rodean. Este ejercicio pone de manifiesto las oportunidades perdidas y refuerza la urgencia de la acción.

Herramientas Estoicas para Cultivar la Acción Virtuosa

1. **Diario de Progreso Ético**: Registra diariamente tus logros y áreas de mejora. Este hábito fomenta una autoevaluación continua y proporciona una hoja de ruta para avanzar hacia tus objetivos virtuosos.

2. **Lectura de Textos Estoicos**: Sumérgete en las obras de Séneca, Epicteto y Marco Aurelio para obtener inspiración y guía práctica. Estas lecturas no solo ofrecen principios, sino también ejemplos concretos de cómo superar la inercia.

3. **Ejercicio de Visualización Negativa**: Imagina un futuro donde la inacción te haya privado de oportunidades esenciales. Este ejercicio no busca generar temor, sino motivar una apreciación renovada por las capacidades actuales y el potencial de cambio.

4. **Cultivar la Gratitud Activa**: Reconoce y agradece la capacidad que tienes para actuar. Reflexiona sobre la fortuna de contar con los recursos físicos y mentales para emprender acciones significativas, fortaleciendo así el sentido de responsabilidad.

5. **Comunidad de Responsabilidad Mutua**: Rodéate de individuos comprometidos con el desarrollo personal y ético. La interacción con personas afines fomenta el compromiso mutuo y crea un sistema de apoyo que reduce la tentación de ceder a la pereza.

Reflexión Final

La pereza, aunque puede parecer inofensiva, es una trampa que limita el potencial humano y obstruye el camino hacia la virtud. Sin embargo, mediante la práctica consciente de los principios estoicos, es posible superar esta inclinación y redescubrir una vida enraizada en el propósito, la acción y la contribución al bien común.

Como declara Marco Aurelio: "El ser humano no fue creado para la inercia, sino para la acción noble y constante". Este capítulo invita al lector a abordar la pereza no como un defecto insuperable, sino como un desafío que, al ser enfrentado, puede fortalecer la voluntad y abrir las puertas a una existencia más plena y significativa. Al trascender la inercia, descubrimos no solo una mayor paz interior, sino también nuestra capacidad de influir positivamente en el mundo que nos rodea.

CAPÍTULO 9. MIEDO: LA PARALIZACIÓN DE LA RAZÓN Y EL OCASO DE LA VIRTUD

El miedo, en su esencia más elemental, es una emoción primitiva destinada a protegernos de amenazas inmediatas. Sin embargo, cuando el miedo trasciende esta función adaptativa y se convierte en un estado mental persistente, paraliza la razón, distorsiona nuestra percepción de la realidad y se erige como un obstáculo insuperable en el camino hacia la virtud. Desde la perspectiva estoica, el miedo descontrolado refleja un juicio erróneo sobre lo que está bajo nuestro control, alimentando la inseguridad y la pasividad. Este capítulo examina la naturaleza filosófica del miedo, su impacto en la vida interior y social, y las herramientas estoicas para enfrentarlo y transformarlo en una fuerza de crecimiento.

La Naturaleza Filosófica del Miedo: Un Desvío de la Razón

Para los estoicos, el miedo surge de una confusión fundamental entre lo que es controlable y lo que no lo es. Epicteto subraya: "No son las cosas las que nos perturban, sino los juicios que hacemos sobre ellas". Este principio revela que el miedo no reside en los eventos externos, sino en nuestras interpretaciones subjetivas de esos eventos. Cuando permitimos que estas interpretaciones se conviertan en verdades absolutas, el miedo pierde su naturaleza momentánea y se convierte en un estado persistente que socava nuestra capacidad de actuar con sabiduría y templanza.

El miedo descontrolado actúa como un velo que distorsiona la realidad, exagerando las amenazas y minimizando nuestras capacidades para enfrentarlas. Esta desconexión con la razón perpetúa un estado de vulnerabilidad emocional que obstaculiza la acción virtuosa, debilitando nuestra confianza en nosotros mismos y nuestra resiliencia ante los desafíos inevitables de la vida.

Impacto del Miedo en la Vida Interior y Exterior

En la Vida Interior

El miedo no gestionado actúa como un agente de desintegración psicológica, erosionando las bases de la confianza, el coraje y la claridad mental. Una mente atrapada en el miedo es incapaz de evaluar objetivamente las circunstancias, quedando paralizada por la incertidumbre y la anticipación de consecuencias negativas. Este estado perpetúa un ciclo de ansiedad y autolimitación que refuerza la desconexión con la virtud.

Además, el miedo genera una visión fragmentada del yo, donde las inseguridades se magnifican y las capacidades internas se minimizan. Este desequilibrio fomenta un estado de dependencia emocional hacia factores externos, alejando al individuo de la autosuficiencia racional que es esencial en el estoicismo. La perpetuación de este estado no solo compromete el crecimiento personal, sino que también incrementa el riesgo de caer en un estado de resignación y apatía.

En la Vida Exterior

El impacto del miedo trasciende el ámbito personal, manifestándose en relaciones interpersonales y dinámicas sociales. En el plano interpersonal, el miedo a la crítica, al rechazo o al fracaso inhibe la comunicación abierta y auténtica, erosionando la confianza mutua y la capacidad de construir relaciones significativas. En un contexto más amplio, el miedo colectivo puede ser manipulado para perpetuar divisiones sociales, justificar injusticias y consolidar estructuras de poder opresivas.

Cuando el miedo se institucionaliza, socava los valores de cooperación y justicia promovidos por el estoicismo. En lugar de fomentar un espíritu de solidaridad y acción compartida, el miedo perpetúa una mentalidad de escasez y aislamiento que limita el potencial colectivo para abordar los desafíos sociales.

Estrategias Estoicas para Trascender el Miedo

El estoicismo propone un conjunto de principios y prácticas diseñados para confrontar y superar el miedo. Estas estrategias se centran en el fortalecimiento de la razón, la introspección y la acción intencionada, transformando el miedo en una oportunidad para el crecimiento personal y la excelencia moral.

1. **Distinguir entre lo Controlable y lo Incontrolable**: Reflexiona sobre lo que está bajo tu control y acepta con serenidad lo que no lo está. Epicteto nos recuerda: "Lo que perturba a los hombres no son las cosas, sino las opiniones sobre ellas". Al reconocer esta distinción, reducimos la influencia del miedo y recuperamos nuestra capacidad de actuar con claridad.

2. **Practicar la Visualización Negativa**: Imagina los peores escenarios posibles y reflexiona sobre cómo podrías enfrentarlos con virtud. Este ejercicio prepara la mente para aceptar y manejar la adversidad, fortaleciendo el coraje y la resiliencia emocional.

3. **Cultivar el Coraje Activo**: Enfrenta deliberadamente pequeños temores cotidianos para entrenar tu capacidad de responder con valentía a desafíos mayores. Cada acto de coraje refuerza la confianza en tus habilidades y disminuye el poder del miedo sobre tu vida.

4. **Anclarte en el Momento Presente**: El miedo se alimenta de la incertidumbre sobre el futuro y las expectativas negativas. Al concentrarte en las acciones que puedes realizar ahora, reduces su influencia y aumentas tu capacidad para responder con eficacia.

5. **Replantear los Juicios**: Examina tus pensamientos sobre el miedo y pregúntate: "¿Este miedo está basado en hechos o en suposiciones?". Este ejercicio de autoinvestigación debilita las narrativas irracionales que sostienen el miedo y refuerza la objetividad.

Herramientas Estoicas para Fortalecer la Resiliencia ante el Miedo

1. **Diario Filosófico**: Registra tus miedos y reflexiona sobre su origen, su validez y las posibles estrategias para abordarlos. Este hábito fomenta la autoobservación y proporciona una base racional para enfrentar el miedo.

2. **Estudio de Textos Estoicos**: Leer las obras de Marco Aurelio, Séneca y Epicteto proporciona inspiración y orientación práctica para abordar el miedo con sabiduría y coraje. Estas lecturas profundizan en los principios

filosóficos que fortalecen la fortaleza interna.

3. **Meditación sobre la Mortalidad**: Reflexionar sobre la inevitabilidad de la muerte ayuda a relativizar los temores y a concentrarse en lo que realmente importa. Esta práctica fomenta una actitud de aceptación serena y fortalece el compromiso con la virtud.

4. **Práctica del Servicio Generoso**: Al dirigir tu atención hacia el bienestar de los demás, disminuyes la atención en tus propios miedos. Este enfoque refuerza los lazos comunitarios y fomenta un sentido de propósito que trasciende las preocupaciones individuales.

5. **Respiración Consciente y Mindfulness Estoico**: Utiliza técnicas de respiración profunda para calmar la mente y restaurar el equilibrio emocional en momentos de miedo intenso. Este método complementa las prácticas filosóficas al proporcionar una herramienta inmediata para manejar el estrés.

Reflexión Final

El miedo, aunque profundamente humano, no debe ser un tirano que controle nuestras acciones ni un freno para nuestra virtud. Al adoptar las enseñanzas del estoicismo, podemos transformar esta emoción en un maestro que nos impulse hacia el coraje, la sabiduría y la acción virtuosa. Marco Aurelio escribe: "Si algo externo te perturba, no es el evento en sí lo que te afecta, sino el juicio que haces de él. Y tienes el poder de cambiar ese juicio".

Este capítulo invita al lector a abordar el miedo con valentía y claridad, reconociéndolo no como un enemigo, sino como una oportunidad para fortalecer el carácter y profundizar en la sabiduría filosófica. Al trascender el miedo, no solo encontramos una mayor paz interior, sino que también contribuimos de manera significativa a nuestras comunidades, liderando con propósito en un mundo lleno de incertidumbres y desafíos.

CAPÍTULO 10. DESESPERANZA: LA NEGACIÓN DE LA FE EN UNO MISMO Y LA RENUNCIA AL FUTURO

La desesperanza, conceptualizada como la pérdida de fe en la capacidad de moldear un futuro mejor y la abdicación de la confianza en la propia agencia, representa uno de los estados más insidiosos que pueden corroer el espíritu humano. Desde la perspectiva estoica, esta condición se origina en un juicio fundamentalmente equivocado acerca de la relación del ser humano con los eventos externos y con el propósito esencial de la vida. Este capítulo ofrece un análisis filosófico de la desesperanza, explora su impacto multidimensional y presenta estrategias estoicas para transformarla en una oportunidad para fortalecer la virtud y la resiliencia.

La Naturaleza Filosófica de la Desesperanza: Una Distorsión del Propósito Existencial

Para los estoicos, la desesperanza no es meramente un estado emocional, sino un profundo extravío ético que desconecta al individuo de su propósito vital: actuar en virtud y aceptar lo que escapa a su control. Epicteto señala con precisión: "Ningún hombre está verdaderamente perdido mientras conserve la capacidad de juzgar sus propios pensamientos". Este axioma subraya que la desesperanza, lejos de ser inevitable, es una consecuencia de ceder al juicio erróneo de que el sufrimiento actual define permanentemente el horizonte de posibilidades.

La desesperanza también refleja una concepción distorsionada del tiempo. Al enfocarse exclusivamente en las adversidades del presente o en las frustraciones del pasado, el individuo pierde la perspectiva de la transitoriedad inherente a todas las experiencias humanas. Esta falta de visión perpetúa un ciclo de resignación que refuerza la inercia moral y socava la fe en la capacidad transformadora de la acción virtuosa.

Impacto de la Desesperanza en la Vida Interior y Exterior

En la Vida Interior

En el ámbito interno, la desesperanza actúa como un agente corrosivo que desintegra las bases de la resiliencia emocional y la claridad moral. Este estado fomenta la pasividad, la autocompasión y una narrativa personal que minimiza las virtudes y exagera las dificultades. Como resultado, la autodisciplina se debilita, la claridad de propósito se desdibuja y el individuo queda atrapado en una espiral de inutilidad autoimpuesta.

Además, la desesperanza bloquea el acceso a la creatividad y al crecimiento personal. Al reducir la percepción de agencia, alimenta una visión fragmentada del yo, donde las capacidades internas se perciben como insuficientes para superar los desafíos. Este desequilibrio perpetúa una desconexión entre la intención y la acción, dificultando cualquier intento de progreso ético o desarrollo espiritual.

En la Vida Exterior

En el plano social, la desesperanza erosiona los pilares de la cooperación y la solidaridad. La pérdida de fe en un futuro mejor inhibe la capacidad de colaborar y de contribuir al bienestar colectivo, fomentando un ciclo de aislamiento que fragmenta las relaciones humanas. En un contexto más amplio, la desesperanza colectiva, alimentada por narrativas de impotencia y fatalismo, puede paralizar el progreso comunitario y desintegrar los valores de justicia y equidad que el estoicismo considera fundamentales.

Cuando la desesperanza se institucionaliza, actúa como un freno para la acción social, desmotivando a las comunidades a enfrentar los desafíos con determinación y virtuosismo. Este estado colectivo de inercia contrasta profundamente con los ideales estoicos de compromiso activo y transformación a través de la acción razonada.

Estrategias Estoicas para Superar la Desesperanza

El estoicismo ofrece un marco riguroso para confrontar y trascender la desesperanza, centrado en la reestructuración de los juicios, la reafirmación del propósito ético y la adopción de una perspectiva racional y expansiva.

1. **Reformular los Juicios sobre la Adversidad**: Reflexiona sobre la naturaleza efímera de las dificultades. Séneca afirma: "El tiempo cambia todo; incluso las peores tormentas son pasajeras". Este enfoque sitúa los desafíos en un contexto temporal más amplio, debilitando la intensidad de la desesperanza.

2. **Cultivar la Gratitud Consciente**: Identifica aspectos positivos, por pequeños que sean, en tu vida diaria. Este ejercicio no solo contrarresta las narrativas negativas, sino

que también refuerza la apreciación de los recursos internos y externos disponibles para el crecimiento.

3. **Practicar el Amor Fati**: Abraza los eventos de la vida, incluidas las adversidades, como componentes necesarios de un orden universal. Este principio no implica resignación, sino una aceptación activa que fomenta la resiliencia y la serenidad frente a lo inevitable.

4. **Enfocarse en el Presente Activo**: La desesperanza prospera en la preocupación por el futuro y la frustración por el pasado. Al centrarte en lo que puedes hacer ahora, reduces la parálisis emocional y refuerzas la autonomía personal.

5. **Fomentar Redes de Apoyo y Propósito Compartido**: Busca comunidades que valoren el crecimiento mutuo y la acción ética. Colaborar con otros en metas compartidas refuerza el sentido de pertenencia y minimiza el aislamiento que acompaña a la desesperanza.

Herramientas Estoicas para Restaurar la Confianza en Uno Mismo

1. **Diario de Reflexión Ética**: Escribe regularmente sobre los pensamientos y emociones relacionadas con la desesperanza. Este proceso de autoobservación crítica fomenta la claridad mental y facilita la reconstrucción de la confianza personal.

2. **Lectura Filosófica Activa**: Profundiza en las obras de Marco Aurelio, Séneca y Epicteto para obtener inspiración y estrategias prácticas. Estas lecturas no solo ofrecen consuelo, sino también modelos de resiliencia y virtud frente a la adversidad.

3. **Meditación sobre la Interdependencia**: Reflexiona sobre cómo tus acciones, incluso las más pequeñas, afectan positivamente a quienes te rodean. Este ejercicio fortalece el sentido de propósito y refuerza la conexión con la comunidad.

4. **Visualización de Posibilidades Futuras**: Imagínate viviendo en alineación con la virtud y alcanzando metas significativas. Este ejercicio de proyección ayuda a contrarrestar las narrativas fatalistas y fortalece la motivación.

5. **Acciones Deliberadas de Coraje**: Da pequeños pasos hacia objetivos significativos. Cada acto intencional de valentía refuerza la confianza en tu capacidad para moldear tu vida y tu entorno.

Reflexión Final

La desesperanza, aunque profundamente debilitante, no es insuperable. Al aplicar los principios del estoicismo y cultivar una práctica consistente de introspección y acción, es posible transformarla en un catalizador para el fortalecimiento ético y la autorrealización. Marco Aurelio declara: "Tu mente es soberana; cambia tu percepción y transformarás tu experiencia".

Este capítulo invita al lector a confrontar la desesperanza con determinación filosófica, viéndola no como un fin, sino como una oportunidad para profundizar en la virtud y redescubrir el propósito inherente a la existencia. Al trascender la desesperanza, no solo encontramos una mayor paz interior, sino que también participamos activamente en la construcción de un futuro más justo y esperanzador para todos.

MEDITACIONES SOBRE LOS PECADOS CAPITALES ESTOICOS

La sombra de la envidia no es más que un eco del alma que olvida su inmensa riqueza, una riqueza que no se mide en posesiones materiales, sino en la profundidad de tus virtudes. Detente y contempla lo que ya tienes: la capacidad de amar, de crecer, de aprender, de ser. Al mirar hacia lo ajeno con anhelo, pierdes de vista las joyas que ya adornan tu espíritu. En cambio, celebra el éxito de los demás como un reflejo de las posibilidades que también te pertenecen. Al hacerlo, descubrirás que tu propio brillo no solo se mantiene, sino que se intensifica con cada acto de generosidad interior.

No permitas que el odio eche raíces profundas en el jardín de tu corazón, porque cada raíz de odio ahoga las flores de la serenidad y la compasión. Cuando el otro te provoca, toma un momento para mirar más allá de la ofensa, hacia la fragilidad y el sufrimiento que la generan. En la templanza de tu respuesta no solo resides tú, sino también el potencial para inspirar transformación en el otro. El odio es un desperdicio de energía preciosa, una llama que consume sin iluminar. En la serenidad, no hay batalla; en la virtud, no hay victoria más dulce que la paz ganada.

El resentimiento es un ancla pesada que hunde tu espíritu en las aguas turbias del pasado. Cada vez que eliges mantenerlo, refuerzas las cadenas que te atan a dolores antiguos y te impiden abrazar el presente. Perdonar no significa olvidar o justificar; significa liberarte del peso que cargas, del dolor que, al final, solo te lastima a ti. Imagínate soltar esa carga y sentir cómo tu alma, ligera y libre, encuentra nuevos horizontes. En el acto de soltar, no solo encuentras paz, sino que también redescubres tu capacidad de avanzar con dignidad y esperanza renovada.

La maldad es un vacío disfrazado de fuerza, un acto de negación hacia la riqueza interna que define tu humanidad. Cada acción maliciosa refleja un desconocimiento de tu verdadera capacidad para el bien. En cada decisión, elige la bondad, no porque el otro siempre lo merezca, sino porque tú mereces vivir en armonía con tu esencia más elevada. La justicia no necesita proclamarse, sino vivirse. Donde la bondad florece, la maldad se disipa como una sombra en la luz del día. Que tus acciones sean faros que iluminen incluso las noches más oscuras.

La ira es un torrente feroz, pero uno que puedes aprender a canalizar hacia el bien. No temas el primer latido de enojo; teme lo que sucede cuando lo dejas crecer sin control. Antes de actuar, respira profundamente y pregúntate: "¿Qué haría mi mejor yo en este momento?" La ira no tiene poder sobre aquel que actúa con intención y claridad. Al convertir ese torrente en un río tranquilo y enfocado, encontrarás en el autocontrol un poder más profundo que cualquier explosión de furia podría ofrecerte. La calma en la tormenta es el verdadero acto de valentía.

Codiciar es buscar desesperadamente en el exterior lo que ya tienes en tu interior, pero aún no has reconocido. Reflexiona: ¿qué es lo que realmente necesitas para ser feliz? Mira a tu alrededor con ojos de gratitud y redescubre que lo esencial no es acumulativo, sino contemplativo. Cada deseo desmedido que persigues es un paso hacia un vacío que nunca se llena. En la moderación, en cambio, encuentras plenitud. Aprecia la belleza de lo suficiente y verás que la codicia se desvanece como un espejismo que nunca fue real.

El orgullo desmedido es un espejo deformante que exagera tus logros y oculta tus defectos, desconectándote de la verdad de tu humanidad compartida. Al mirar a los demás desde esa altura ficticia, pierdes la oportunidad de conectarte con la esencia común que une a todos los seres humanos. La verdadera grandeza no radica en proclamarse superior, sino en abrazar la humildad que permite el aprendizaje y el crecimiento constante. En la empatía y la modestia encontrarás la fuerza que el orgullo nunca podrá igualar, una fuerza que construye puentes en lugar de levantar muros.

La pereza es un ladrón silencioso que roba los días de tu vida, no porque actúe directamente, sino porque te persuade de no actuar. Cada vez que cedes a su llamado, retrocedes en el camino hacia tu propósito. Recuerda que cada pequeño acto de esfuerzo es un paso hacia la excelencia. Levántate, no por la promesa de una recompensa inmediata, sino porque sabes que en el esfuerzo mismo se encuentra la satisfacción. La pereza puede parecer cómoda, pero el esfuerzo te regala el orgullo de vivir plenamente.

El miedo, en su forma más cruda, es una sombra que crece en la oscuridad de la incertidumbre, pero que se disuelve ante la luz de la razón y el coraje. No huyas de él; enfréntalo como un maestro que te desafía a descubrir tu fortaleza interna. Pregúntate: "¿Qué es lo peor que puede suceder y cómo puedo afrontarlo?" Al contemplar la realidad de tus miedos, los verás por lo que son: ilusiones que pierden su poder cuando las miras directamente. En cada acto de valentía, construyes un escudo que te protege no solo hoy, sino en todas las batallas futuras.

La desesperanza es un velo oscuro que parece eterno, pero es tan pasajero como las nubes que cruzan el cielo. Si hoy el camino parece insuperable, da un paso pequeño, pero significativo, hacia adelante. No confundas el cansancio con la derrota ni el silencio con el final. Cada acto de virtud que realizas, por pequeño que sea, es una chispa que enciende una nueva posibilidad. El presente siempre contiene la semilla de un futuro mejor. Al cultivar esa semilla con esperanza y acción, descubres que incluso en la noche más oscura, la luz nunca está demasiado lejos.

El deseo ardiente de lo ajeno puede parecer un fuego que ilumina, pero en realidad consume sin calentar. La envidia transforma la alegría en escasez, no porque falte algo, sino porque olvidas lo que ya posees. Aprende a contemplar las bendiciones de otros como señales del potencial humano compartido, y convierte ese ardor en una fuerza para inspirarte. Así, lo que antes era deseo se convierte en gratitud, y lo que parecía escaso se desborda en abundancia.

Cuando el odio golpea la puerta de tu alma, recuerda que su intención no es protegerte, sino encadenarte. Es una carga inútil, una herida autoinfligida que nunca cicatriza. En lugar de alimentarlo, deja que el amor por lo justo y lo verdadero lo disipe. Imagina a quien te ofende como alguien que lucha con su propia tormenta interna, y permite que tu respuesta sea una brisa que calma, no un vendaval que azota. En la templanza y el perdón, descubres una fuerza más duradera que cualquier resentimiento.

El resentimiento es una prisión construida con los ladrillos de ofensas pasadas y el cemento del rencor acumulado. Cada vez que eliges revivir un agravio, refuerzas sus muros y te alejas de la libertad que anhelas. Libérate de esa celda, no porque el otro lo merezca, sino porque tú mereces caminar libre y ligero. Cada acto de perdón es un paso hacia la recuperación de tu paz, una llave que abre la puerta hacia horizontes más amplios y luminosos.

La maldad puede presentarse como una opción tentadora, un atajo hacia el poder o la satisfacción, pero su costo siempre es más alto que su aparente recompensa. Es una sombra que persiste, incluso cuando crees haber escapado de ella. Actuar con bondad, incluso en medio de la adversidad, no solo preserva tu integridad, sino que siembra semillas de armonía en un mundo que a menudo carece de ella. Recuerda que cada elección que haces moldea no solo tu destino, sino también el de quienes te rodean.

La ira puede parecer una fuerza que te protege o te impulsa, pero es un arma de doble filo que a menudo hiere más a quien la empuña. No dejes que se apodere de tus palabras ni de tus acciones. En el instante en que sientas su calor ascendente, detente y respira. Encuentra el equilibrio dentro de ti y responde desde la claridad, no desde la tormenta. La verdadera fuerza no radica en el estallido, sino en la capacidad de contener y redirigir la energía hacia la construcción, no hacia la destrucción.

La codicia promete seguridad y satisfacción, pero entrega ansiedad y vacío. Cada posesión acumulada sin propósito se convierte en un peso, no en una riqueza. Reflexiona sobre lo que realmente necesitas para vivir en paz, y descubrirás que lo esencial es mucho menos de lo que imaginabas. En la moderación y el contento hallas una riqueza que ninguna cuenta bancaria puede igualar.

Agradece lo suficiente, y verás cómo la codicia pierde su poder de seducción.

El orgullo desmedido es como un pedestal construido sobre arena; cuanto más alto subes, más inestable te vuelves. No busques elevarte por encima de los demás, sino al lado de ellos. La verdadera grandeza no necesita proclamarse, pues se manifiesta en el carácter y en las acciones. La humildad no es humillación, sino una comprensión profunda de que todos estamos conectados en la misma trama de la existencia. En reconocer tu humanidad compartida, encuentras una fortaleza que el orgullo nunca podrá ofrecerte.

La pereza es el susurro que te invita al descanso cuando deberías estar construyendo. Cada momento cedido a su llamada es una oportunidad perdida de cultivar tu carácter y cumplir con tu propósito. Levántate, incluso cuando el peso del día parezca abrumador, y da el primer paso. Cada acción, por pequeña que sea, crea un impulso que te lleva más lejos de la inercia y más cerca de la excelencia. En el esfuerzo constante, descubres el verdadero descanso: el de una vida bien vivida.

El miedo, aunque natural, no debe convertirse en tu guía. Es un mensajero, no un amo. Escucha lo que tiene que decirte, pero no dejes que dicte tu camino. Pregúntate: "¿Qué es lo peor que puede suceder? ¿Y cómo puedo enfrentar eso con dignidad?" Al descomponer tus temores en pasos manejables, desactivas su poder. En cada acto de valentía, por pequeño que sea, fortaleces tu confianza en ti mismo y reduces la sombra que el miedo proyecta sobre tu vida.

La desesperanza es una niebla densa que nubla tu visión, pero recuerda que detrás de esa neblina, el sol sigue brillando. No permitas que las dificultades actuales te hagan olvidar las posibilidades que aún están por venir. Cada día es una página en blanco, una oportunidad para escribir un nuevo capítulo en tu historia. Incluso en los momentos más oscuros, la chispa de la esperanza puede encenderse con un solo acto de virtud. Confía en el proceso de la vida y avanza, aunque sea un paso pequeño a la vez.

El anhelo insaciable por lo que no te pertenece es un reflejo de una mirada que no aprecia la plenitud que ya habita en tu vida. La envidia oscurece el corazón, creando sombras donde debería haber gratitud. Detente y contempla la riqueza que el universo ha depositado en tus manos, desde los dones más simples hasta las virtudes más elevadas. Al valorar lo propio y alegrarte por lo ajeno, descubres que la abundancia no reside en tener más, sino en necesitar menos y compartir más.

El odio, como un río de lava, quema todo a su paso, incluyéndote a ti. Es un fuego que consume la paz y alimenta la división. Permite que la comprensión sea el agua que apague sus llamas. Imagina al otro no como un enemigo, sino como un alma perdida que lucha con sus propios demonios. Responder al odio con amor no es debilidad; es una fuerza tan poderosa que desarma incluso los corazones más endurecidos. En la reconciliación encuentras la verdadera victoria.

El resentimiento es un eco persistente de heridas pasadas que no te permite escuchar la música del presente. Cada vez que eliges aferrarte a él, refuerzas los grilletes que te atan a un tiempo que ya no existe. Suelta ese peso y verás cómo el aire se vuelve más ligero, cómo el camino se abre ante ti. El perdón no borra el pasado, pero transforma su carga en una lección, en un escalón hacia un horizonte más luminoso. Libérate, no para olvidar, sino para avanzar.

La maldad, aunque seductora en su inmediatez, es un veneno que corroe tanto al que la ejerce como al que la recibe. Cada acto malicioso es un rechazo a la grandeza de tu naturaleza virtuosa. En cambio, actuar con bondad, incluso cuando no es correspondida, fortalece el alma y embellece el mundo. Recuerda que cada elección deja una marca, no solo en tu historia personal, sino en el tejido del universo. Haz que tu legado sea un faro de justicia y compasión.

La ira, aunque poderosa en su irrupción, es un vendaval que destruye más de lo que construye. Cuando sientas su fuerza arremolinada en tu pecho, no te precipites. Tómate un momento para respirar profundamente, para observarla y cuestionarla. Pregúntate: "¿Qué puedo ganar si cedo a este impulso?" En la mayoría de los casos, la respuesta será "nada que valga la pena". La calma en la tormenta no solo te protege, sino que también inspira a quienes te rodean a encontrar su propio equilibrio.

La codicia, con su promesa de plenitud, encierra un vacío que nunca puede llenarse. Cada bien acumulado sin propósito se convierte en una carga, cada deseo insaciable, en una cadena. Reflexiona sobre lo que realmente necesitas para vivir en paz y descubrirás que la clave no está en la adquisición, sino en la apreciación. Aprende a disfrutar de lo que ya tienes y encontrarás en la moderación una riqueza que el oro no puede comprar. La verdadera fortuna está en la libertad de no desear más.

El orgullo desmedido es un muro que te separa de los demás, un espejismo que te hace creer que estás por encima cuando en realidad te aísla. La verdadera grandeza no necesita elevarse, porque se encuentra enraizada en la humildad. Mira a los demás no con condescendencia, sino con empatía, y descubrirás una conexión que trasciende el ego. En la igualdad radica la fortaleza de una humanidad compartida, un recordatorio de que la humildad es el cimiento de toda relación genuina.

La pereza es una tentación que susurra al oído, prometiendo descanso cuando en realidad ofrece estancamiento. Cada momento que cedes a su llamada es una oportunidad desperdiciada de acercarte a tus metas, de honrar el potencial que llevas dentro. Levántate, no porque sea fácil, sino porque es necesario. En cada pequeño esfuerzo, siembras la semilla de un logro futuro. Y cuando finalmente coseches, descubrirás que el verdadero descanso es el de una conciencia tranquila.

El miedo es un guardián en la puerta de tus sueños, un desafío que te invita a demostrar tu valor. No huyas de él, míralo a los ojos y pregúntate: "¿Qué puedo aprender de ti?" El miedo bien entendido es un maestro, no un tirano. Cada vez que lo enfrentas, creces un poco más, te acercas un poco más a la persona que estás destinado a ser. En la valentía, no solo encuentras libertad, sino también la capacidad de inspirar a otros a hacer lo mismo.

La desesperanza puede parecer un abismo, pero incluso en el fondo más oscuro, hay una chispa que puede encenderse. Busca esa chispa en los actos más pequeños: un gesto de bondad, una palabra de aliento, una acción significativa. Recuerda que la vida es cambio constante, y lo que hoy parece imposible mañana puede convertirse en una nueva oportunidad. No te rindas a la oscuridad; enciende tu propia luz, y descubrirás que incluso el menor destello puede iluminar el camino.

El deseo de tener lo que no te pertenece surge como una sombra que oscurece el brillo de lo que ya es tuyo. Detente, observa y reflexiona sobre el tesoro que el universo ha depositado en ti: la capacidad de amar, de aprender y de crecer. La envidia te aleja de ese regalo, cegándote ante las maravillas que ya posees. Abandona ese impulso, y descubrirás que la alegría por el éxito de otros es una llave que abre nuevas puertas en tu propia vida.

El odio, como un viento helado, enfría el espíritu y endurece el corazón. Cada vez que lo dejas entrar, cierras las puertas a la compasión y a la posibilidad de entendimiento. En lugar de ceder a su gélido abrazo, busca la calidez de la comprensión y la empatía. Incluso cuando el otro no lo merece, tu respuesta tranquila y generosa es un acto de fortaleza que ningún odio puede doblegar. En el amor por lo justo, encuentras la llama que derrite hasta los hielos más profundos.

El resentimiento, como un ancla pesada, te impide navegar hacia nuevos horizontes. Al sostenerlo, eliges permanecer atrapado en un mar de dolor pasado. Imagina soltar esa carga, dejando que las aguas de tu vida fluyan libremente hacia la serenidad. El perdón no es un acto para los demás; es el regalo que te haces a ti mismo. En cada acto de liberación, recuperas no solo tu paz, sino también el poder de dirigir tu destino hacia la luz.

La maldad se disfraza de fuerza, pero en realidad es la sombra de la debilidad. Cada acción maliciosa es un intento de llenar un vacío que solo puede colmarse con virtud. Actúa con bondad, incluso cuando no encuentres reciprocidad, y observa cómo la maldad pierde su poder. En cada elección consciente hacia el bien, te conviertes en un faro que guía a otros fuera de la oscuridad. Haz que tus acciones reflejen la grandeza de tu esencia virtuosa.

La ira es una tormenta que ruge dentro de ti, clamando por ser liberada. Pero si permites que domine tus actos, se llevará más de lo que te devolverá. Antes de hablar o actuar desde ese fuego interno, respira profundamente. Pregúntate si lo que estás a punto de hacer construirá o destruirá. En la calma, encuentras la claridad necesaria para transformar la energía de la ira en un impulso hacia la justicia y el entendimiento. La fuerza no está en el grito, sino en el silencio lleno de propósito.

La codicia, con su eterna promesa de más, nunca satisface. Es una sed que crece con cada sorbo, dejando tras de sí un vacío aún mayor. Reflexiona sobre lo que realmente necesitas para sentirte completo, y encontrarás que la clave no está en acumular, sino en valorar. La gratitud por lo que ya tienes transforma la codicia en contento. En la sencillez y la moderación, descubres una riqueza que el mundo no puede arrebatarte.

El orgullo desmedido es una máscara que oculta tus vulnerabilidades, pero también tu verdadero yo. Al buscar elevarte por encima de los demás, pierdes la oportunidad de conectar desde la autenticidad. La humildad, en cambio, te libera de la necesidad de aparentar y te permite abrazar la igualdad que nos une a todos. Mira a los demás como compañeros en el viaje de la vida, no como competidores. En la empatía y la modestia, descubres la verdadera grandeza.

La pereza no es descanso, sino un ladrón de tiempo y potencial. Cada momento que cedes a su susurro, renuncias a la oportunidad de construir una vida llena de significado. Levántate, incluso cuando el esfuerzo parezca inútil, porque cada pequeño acto te acerca más a tus metas. En el movimiento y la acción, encuentras la chispa de la inspiración. El verdadero descanso llega solo después de una labor bien hecha.

El miedo es una sombra que crece con la imaginación y se desvanece con la razón. No huyas de él; enfréntalo con la luz de tu pensamiento claro. Pregúntate si el peligro que temes es real o solo una construcción de tu mente. Enfrentar tus temores te fortalece, no solo para superarlos, sino para descubrir el valor que siempre ha estado dentro de ti. Cada acto de valentía es un paso hacia una vida más libre.

La desesperanza es un velo que oculta la belleza del mundo, pero no puede borrarla. Incluso en los momentos más oscuros, recuerda que cada amanecer trae consigo nuevas posibilidades. Busca la esperanza en los gestos más pequeños: una palabra amable, una sonrisa compartida, un paso hacia adelante. La vida es cambio, y lo que hoy parece insuperable mañana puede ser superado. Confía en tu capacidad para crear luz incluso en la noche más oscura.

El brillo de lo ajeno puede cegarte si olvidas que la verdadera riqueza yace en lo que ya posees. La envidia es un espejo distorsionado que convierte tu abundancia en carencia. Mira con claridad y reconoce las virtudes que florecen en tu vida. Al hacerlo, aprenderás a celebrar lo propio y a admirar lo ajeno sin dejar que ello empañe tu gratitud. Cada mirada de aprecio por lo que tienes es un acto de liberación del deseo insaciable.

El odio puede parecer una defensa, pero es una herida que infliges a tu propia alma. Es el veneno que esperas que dañe a otro, mientras te consume lentamente desde dentro. Si alguien te hiere, responde no con venganza, sino con la fortaleza de la virtud. En la capacidad de comprender y perdonar radica el verdadero poder. Cuando eliges el amor en lugar del odio, transformas no solo a los demás, sino también a ti mismo.

El resentimiento es un lazo que te mantiene unido a aquello que ya debería estar atrás. Al nutrirlo, perpetúas las heridas que deberías dejar sanar. Cada acto de rencor es una elección de mirar hacia atrás en lugar de avanzar. Imagina cortar ese lazo, dejando que el viento del presente lleve tus velas hacia un futuro más libre. El perdón no es olvido, sino el reconocimiento de que mereces soltar lo que te ata y avanzar con ligereza hacia la paz.

La maldad promete fuerza, pero siempre entrega vacío. Cada acto de malicia es una renuncia a la posibilidad de crecer en virtud. Si enfrentas la tentación de dañar, elige en su lugar la senda de la bondad. No porque sea más fácil, sino porque es más noble. Tus acciones no solo definen quién eres, sino también el impacto que dejas en el mundo. Haz que cada elección sea una afirmación de tu compromiso con la justicia y la compasión.

La ira se presenta como una fuerza poderosa, pero es una llama que consume la razón y quema las oportunidades de entendimiento. Antes de dejar que esa llama te domine, pregúntate qué construirás al dejarla ir. La calma no es debilidad; es la claridad de un espíritu que elige crear en lugar de destruir. En la paciencia y la reflexión, encuentras la verdadera fortaleza, aquella que no se quiebra ante la provocación.

La codicia es una carrera sin línea de llegada, un esfuerzo interminable que nunca te satisface. Reflexiona sobre lo que realmente te brinda alegría y propósito. Descubrirás que la abundancia no reside en lo que acumulas, sino en lo que compartes y en cómo valoras lo que tienes. La verdadera riqueza es la libertad de necesitar poco, de encontrar plenitud en la sencillez y en el acto de dar sin esperar recibir.

El orgullo desmedido construye muros donde debería haber puentes. Es un refugio falso que aísla y separa. La humildad, en cambio, abre puertas y conecta corazones. Al reconocer tus errores y limitaciones, no pierdes grandeza, sino que la amplías. En la modestia, encuentras la fuerza para aprender, para crecer y para inspirar a otros con tu ejemplo. La verdadera grandeza no se proclama; se vive.

La pereza es un canto seductor que promete descanso, pero entrega vacío. Cada vez que cedes a su tentación, renuncias a la oportunidad de forjar tu carácter y cumplir con tu propósito. El esfuerzo, aunque difícil, es la chispa que enciende el fuego del logro y la satisfacción. Levántate, incluso cuando el peso del día parezca abrumador, y da un paso. En cada pequeño avance, encuentras la motivación para el siguiente.

El miedo es un velo que distorsiona la realidad, magnificando las sombras de lo desconocido. Pero recuerda, las sombras solo existen donde hay luz. Enfrenta tus temores con la claridad de la razón y la fortaleza de la virtud. Pregúntate: "¿Qué es lo peor que puede suceder y cómo puedo prepararme para ello?" Al tomar medidas, desactivas el poder paralizante del miedo y descubres que eres más fuerte de lo que imaginabas.

La desesperanza es un susurro que intenta convencerte de que el camino ha terminado, pero no es más que una ilusión. Cada amanecer trae consigo una nueva oportunidad de avanzar, de crecer, de cambiar. Busca la esperanza en los actos más pequeños: una palabra amable, un paso hacia adelante, una mirada hacia el cielo. Recuerda que incluso la noche más larga cede ante la luz del día. No te rindas; el próximo paso podría ser el que cambie todo.

La envidia es un velo que oculta las maravillas que ya florecen en tu vida. Al desear lo que no es tuyo, pierdes la conexión con lo que realmente importa: el aprecio por lo que tienes y la capacidad de crecer a partir de ello. Mira hacia adentro y descubre que las verdaderas riquezas no pueden medirse en comparación con las de otros. Cuando elijas celebrar en lugar de desear, te darás cuenta de que el mundo está lleno de abundancia para todos.

El odio germina como una semilla amarga en el corazón, envenenando lentamente tus pensamientos y acciones. En su lugar, planta la semilla de la comprensión. Piensa que quien te ofende lo hace desde su propia lucha interna, no desde una verdad sobre ti. Responder con calma y compasión no significa justificar, sino liberar tu espíritu de la carga corrosiva del rencor. En la bondad, encontrarás una fortaleza que el odio jamás podrá igualar.

El resentimiento es un eco que resuena en las profundidades de tu alma, recordándote continuamente lo que ya no puedes cambiar. Pero no estás obligado a escucharlo para siempre. Decide, en cambio, crear un nuevo ritmo en tu vida, uno de perdón y libertad. Soltar no es olvidar, es elegir tu paz por encima del dolor. Al abandonar el resentimiento, permites que tu espíritu dance nuevamente en armonía con el presente.

La maldad aparece como un atajo, una solución rápida para afirmar el poder o responder al dolor. Sin embargo, cada acto malicioso deja cicatrices tanto en el mundo como en tu propia alma. La verdadera fortaleza no se demuestra en el daño, sino en la capacidad de actuar con justicia incluso ante la adversidad. Elige siempre la bondad, y cada decisión será un testimonio de tu compromiso con la virtud y el equilibrio universal.

La ira surge como un torrente imparable, pero recuerda que incluso el río más caudaloso puede ser contenido y redirigido. Deja que el tiempo enfríe su calor antes de actuar. Pregúntate: "¿Qué legado quiero dejar con mis palabras y mis actos?" La calma, lejos de ser pasividad, es el resultado de un alma que elige construir en lugar de destruir. Cada momento de paciencia es una piedra que refuerza los cimientos de la paz interior.

La codicia es una niebla que te hace perder el camino hacia lo esencial. Al buscar más, te alejas de lo suficiente, y al acumular, olvidas la alegría de compartir. Reflexiona sobre tus verdaderas necesidades y descubre que la plenitud no reside en lo que posees, sino en lo que valoras. En la gratitud y la generosidad, encontrarás una satisfacción que ningún objeto material puede ofrecer.

El orgullo desmedido es una prisión dorada que te aísla de los demás y, a menudo, de ti mismo. Su falsa promesa de superioridad es un muro que bloquea la empatía y la conexión. Rompe esas paredes con la humildad, permitiendo que la luz de la verdad ilumine tanto tus virtudes como tus defectos. Al abrazar tu humanidad compartida, descubrirás que la verdadera grandeza radica en la autenticidad y la apertura al aprendizaje continuo.

La pereza es un canto de sirena que te invita al descanso eterno, pero ese descanso no es paz, sino estancamiento. Cada día que eliges la inacción es un día que cedes a la pérdida de tu potencial. Levántate con propósito, no porque sea fácil, sino porque es necesario. Cada pequeño acto, cada esfuerzo sostenido, es una chispa que enciende el fuego de la realización personal. En el movimiento constante, encuentras el verdadero descanso del espíritu.

El miedo se disfraza de protector, pero en realidad es un carcelero que limita tu visión y tus pasos. Examina tus temores con la lente de la razón y pregúntate si realmente merecen el poder que les otorgas. La valentía no es la ausencia de miedo, sino la decisión de avanzar a pesar de él. Enfrenta tus sombras y descubrirás que detrás de ellas siempre hay luz, una luz que guía tus pasos hacia una vida más libre y plena.

La desesperanza susurra que el futuro está perdido, pero su voz es una ilusión, un eco de dudas y fracasos pasados. En lugar de escucharla, enfócate en las posibilidades infinitas que nacen en cada nuevo amanecer. Busca la chispa de la esperanza en los gestos más pequeños: una sonrisa, un acto de bondad, un paso hacia adelante. Recuerda que incluso las tormentas más largas terminan, y que la luz siempre regresa para quienes no dejan de buscarla.

La envidia se desliza como una sombra silenciosa, haciéndote olvidar que el verdadero tesoro no está fuera de ti, sino en lo que ya posees. Al fijar tus ojos en lo que otros tienen, pierdes de vista el vasto jardín de virtudes y oportunidades que florecen en tu interior. No compares tu camino con el de los demás; en cambio, celebra los logros de otros como señales del potencial que también habita en ti. En cada acto de gratitud, disipas la oscuridad de la envidia y permites que la luz de la satisfacción ilumine tu vida.

El odio surge como un fuego que promete protegerte, pero termina quemando tu propia alma. Cuando enfrentes el impulso de odiar, recuerda que cada ser humano carga sus propias luchas, muchas de las cuales no puedes ver. Responde al odio con compasión, no porque el otro lo merezca, sino porque tú mereces la paz. En la comprensión, encontrarás una fortaleza que desarma incluso a la furia más intensa. Cada acto de bondad es un escudo más fuerte que cualquier muro levantado por el odio.

que tú mismo colocas en tu espíritu, limitando tu capacidad de avanzar. Cada vez que eliges sostenerlo, refuerzas el poder de aquello que ya debería haber quedado atrás. Elige liberarte, no porque sea fácil, sino porque es necesario para vivir plenamente. Al soltar el resentimiento, no olvidas, pero sí transformas el pasado en una lección que te impulsa hacia un futuro más luminoso. En el acto de perdonar, recuperas la libertad que pertenece únicamente a un corazón sin cargas.

La maldad puede parecer un refugio en momentos de dolor, pero no ofrece consuelo real, solo perpetúa el ciclo de sufrimiento. Cada decisión maliciosa que tomas es un paso más lejos de tu esencia virtuosa. En lugar de dañar, busca sanar, incluso cuando el mundo te invite a lo contrario. La bondad no siempre es recompensada, pero su valor reside en el acto mismo de elegirla. Cada acto de justicia y compasión deja una marca indeleble en el tejido del universo, un testimonio de la grandeza de tu espíritu.

La ira es un torrente que promete fuerza, pero a menudo deja a su paso destrucción y arrepentimiento. Antes de ceder a su poder, detente y observa su origen. Pregúntate si lo que sientes merece una respuesta inmediata o si el silencio y la reflexión pueden llevarte a un lugar de mayor claridad. La verdadera fuerza no está en el estallido, sino en la capacidad de transformar esa energía en algo constructivo. Cada vez que eliges la calma sobre la reacción, refuerzas los cimientos de tu paz interior.

La codicia es un espejismo que te lleva a perseguir más de lo que realmente necesitas, dejándote siempre insatisfecho. Reflexiona sobre lo que es esencial en tu vida, y descubrirás que muchas de tus búsquedas externas son distracciones de tu riqueza interior. En la moderación, encuentras una alegría que la acumulación nunca puede ofrecer. Cada acto de generosidad es una afirmación de que el verdadero valor no está en lo que posees, sino en lo que compartes y valoras.

El orgullo desmedido construye un pedestal que te separa de los demás, un aislamiento que no fortalece, sino que debilita. La humildad, en cambio, te conecta con tu humanidad y te permite aprender y crecer sin el peso de la superioridad. Reconoce tus logros, pero también tus errores, y utiliza ambos como herramientas para avanzar. En la modestia, encuentras una grandeza auténtica, una que no necesita proclamarse, sino que se manifiesta en cada acción sincera.

La pereza es un susurro que te invita a retrasar tus sueños, pero cada momento que cedes a su llamado es una oportunidad perdida de alcanzar tu potencial. Levántate, no porque sea fácil, sino porque cada esfuerzo te acerca un paso más a tu propósito. En el movimiento constante, descubres no solo logros, sino también la satisfacción de vivir plenamente. Cada acto de acción consciente es una afirmación de tu compromiso con el crecimiento y la excelencia.

El miedo, aunque natural, no debe gobernar tu vida. Es un maestro, no un tirano, y al enfrentarlo descubres fortalezas que no sabías que poseías. Pregúntate: "¿Qué puedo aprender de este miedo? ¿Cómo puedo avanzar a pesar de él?" Cada paso que das hacia adelante, incluso tembloroso, es un acto de valentía que abre puertas hacia nuevas posibilidades. Enfrenta tus temores y descubre que detrás de ellos siempre hay un camino hacia la libertad.

La desesperanza puede parecer un pozo sin fondo, pero incluso en los momentos más oscuros hay una chispa de luz esperando ser encendida. Busca esa chispa en los actos cotidianos: una palabra amable, una acción significativa, una decisión valiente. Recuerda que la vida es cambio, y lo que hoy parece insuperable mañana puede transformarse en una nueva oportunidad. No te rindas; cada día es una invitación a comenzar de nuevo y a construir un futuro lleno de esperanza y propósito.

La envidia es como una bruma que empaña la claridad de tu visión interior, haciéndote creer que lo que está fuera es mejor que lo que yace en tu interior. Cada vez que la alimentas, robas a tu alma el placer de disfrutar lo que ya tienes. Aprende a transformar esa energía en admiración y gratitud. En lugar de desear lo que otros poseen, inspírate en sus logros para cultivar tus propias virtudes. En el aprecio sincero, la envidia pierde su fuerza y el corazón encuentra la paz.

El odio se alimenta de la incomprensión, creciendo en las sombras de lo que no conocemos o no aceptamos. Cada acto de odio es un paso más lejos de la serenidad y el equilibrio. Permítete ver más allá de las acciones que te hieren, hacia la humanidad compartida que subyace en cada ser. Responder al odio con paciencia y empatía no es debilidad, sino el mayor acto de fortaleza. En cada respuesta medida, siembras semillas de reconciliación que pueden florecer incluso en los terrenos más áridos.

El resentimiento es un grillete que forjas con cada recuerdo de las ofensas pasadas. Liberarte de él no significa ignorar el daño, sino elegir no cargar con su peso. Cada vez que perdonas, te liberas un poco más, avanzas hacia un futuro donde el pasado no dicta tus acciones. Deja que el perdón sea el viento que te impulse hacia horizontes más amplios, donde la libertad no es solo un concepto, sino una realidad vivida.

La maldad parece ofrecer una solución rápida a los conflictos de la vida, pero su costo es siempre más alto que su recompensa. Cada acto malicioso es un paso hacia la desconexión de tu esencia virtuosa. Escoge siempre el camino de la bondad, incluso cuando parezca el más difícil. En la elección consciente de hacer el bien, encuentras la fuerza para transformar el mundo a tu alrededor. La justicia no necesita de la malicia para prevalecer; necesita de corazones firmes en su compromiso con el bien.

La ira se alza como una tempestad, prometiendo fuerza, pero dejando a su paso un rastro de ruinas. Antes de actuar desde la ira, haz una pausa y escucha lo que intenta decirte. Pregúntate si su mensaje puede ser atendido desde la calma y la claridad. La verdadera fortaleza no está en sucumbir a la tormenta, sino en aprender a navegarla con serenidad. Cada acto de autocontrol es un testimonio de tu compromiso con la paz y el equilibrio interior.

La codicia es una carrera interminable hacia un destino que nunca se alcanza. Al buscar siempre más, olvidas disfrutar lo que ya tienes. Reflexiona sobre tus deseos y descubre cuáles son realmente necesarios para tu bienestar. En la moderación, encuentras una riqueza que no puede comprarse con oro. Cada vez que eliges valorar lo suficiente sobre lo excesivo, refuerzas tu conexión con lo esencial y tu libertad de vivir plenamente.

El orgullo desmedido construye una torre alta, pero su base es frágil, sostenida por la necesidad de validación externa. Al buscar elevarte por encima de los demás, pierdes la oportunidad de conectar con ellos desde un lugar de igualdad y autenticidad. La humildad, en cambio, te permite crecer sin la carga del ego, abriendo las puertas al aprendizaje continuo. En cada acto de modestia, encuentras una grandeza que no necesita proclamarse, porque brilla por sí misma.

La pereza no es descanso, sino una pausa prolongada que lentamente consume tu potencial. Cada día que pospones tus metas, te alejas un poco más de lo que podrías ser. Elige levantarte, incluso cuando el esfuerzo parezca desalentador, porque en cada pequeño paso reside el poder del cambio. En el movimiento constante, encuentras no solo logros, sino también el sentido de propósito que da forma a una vida bien vivida.

El miedo, aunque natural, no debe convertirse en el capitán de tu vida. Es una señal, no un dictador. Aprende a escucharlo sin dejar que te controle. Pregúntate qué es lo que realmente temes y cómo puedes enfrentarlo con valentía. Cada vez que das un paso hacia adelante, incluso con el temor presente, te acercas más a tu libertad. En la valentía cotidiana, descubres que el miedo es solo una puerta que espera ser abierta.

La desesperanza se alimenta de la creencia de que el futuro está cerrado, pero esa es una ilusión creada por las sombras del presente. Cada nuevo día es una oportunidad para sembrar la semilla de la esperanza, por pequeña que sea. Busca esa semilla en los gestos más simples: un acto de bondad, un momento de gratitud, un pequeño paso hacia adelante. Recuerda que incluso la más pequeña luz puede disipar la oscuridad. No dejes que la desesperanza te detenga; cada paso, por insignificante que parezca, es un avance hacia un horizonte más brillante.

La envidia, como un susurro persistente, intenta convencerte de que tu valor está fuera de ti, en las posesiones o logros de otros. Pero esa voz es una ilusión que desvía tu atención de la abundancia que ya posees. Contempla tu vida con ojos de gratitud y verás que no necesitas mirar a los lados, sino avanzar desde tu propio centro. Cuando transformas la envidia en inspiración, te liberas de su peso y encuentras que el verdadero tesoro siempre ha estado en tu interior.

El odio se enraíza en las heridas no sanadas, alimentado por la percepción de que el daño externo define tu ser. Sin embargo, en cada acto de odio, perpetúas una cadena que te ata más firmemente al dolor. Rompe ese ciclo con la fuerza de la compasión, no porque sea fácil, sino porque es liberador. Responder al odio con serenidad no solo es un acto de grandeza, sino también una declaración de independencia del veneno emocional que intenta consumirte.

El resentimiento no es más que el eco de un dolor pasado, reverberando en el presente y ensombreciendo el futuro. Cada vez que eliges sostenerlo, permites que esa sombra crezca y nuble tu camino. Pero tienes el poder de silenciar ese eco. Perdona, no para excusar, sino para liberar tu corazón del peso innecesario. En el acto de soltar, descubres que el perdón no es una concesión al otro, sino un regalo invaluable para ti mismo.

La maldad se disfraza de justicia, prometiendo equilibrio donde en realidad solo siembra más caos. Cada acto malicioso es una negación de la humanidad compartida que te conecta con los demás. Optar por la bondad, incluso ante la adversidad, es un acto revolucionario que desafía la oscuridad. En cada decisión de actuar con nobleza, refuerzas no solo tu carácter, sino también la posibilidad de un mundo más justo. La bondad, aunque a veces difícil, siempre deja un legado que perdura.

La ira surge con la fuerza de un huracán, arrasando todo a su paso y dejando a menudo más destrucción que solución. Pero incluso el viento más fuerte puede ser calmado si eliges la quietud de la reflexión. En lugar de actuar en el calor del momento, pregúntate qué deseas construir con tus palabras y tus acciones. La verdadera fortaleza no está en ceder a la ira, sino en canalizar su energía hacia la claridad y la justicia. En la calma, encuentras el poder que la ira nunca puede ofrecer.

La codicia pinta un horizonte siempre inalcanzable, llenando tu vida de metas interminables que te alejan del presente. Reflexiona sobre lo que realmente te nutre, y descubrirás que las riquezas que buscas no son materiales, sino espirituales. Agradece lo que tienes y compártelo con generosidad, pues en el acto de dar, descubres que ya posees todo lo que necesitas. La codicia pierde su poder cuando eliges valorar la simplicidad y la conexión por encima de la acumulación.

El orgullo desmedido erige murallas entre tú y los demás, un castillo que promete protegerte pero que en realidad te aísla. La humildad, por el contrario, derriba esas barreras y te conecta con la riqueza de la experiencia humana compartida. Reconocer tus errores y aprender de ellos no disminuye tu grandeza, sino que la amplifica. En cada acto de humildad, encuentras un reflejo de la verdadera fortaleza, aquella que no necesita ser proclamada, porque brilla por sí misma.

La pereza, disfrazada de descanso, es una fuerza que lentamente consume tus días y erosiona tu potencial. Cada vez que eliges la inacción, permites que tus sueños se desvanezcan un poco más. Levántate, incluso cuando el esfuerzo parezca monumental, porque en cada pequeño paso resides la chispa del cambio. En el movimiento constante, descubres no solo logros, sino también una profunda satisfacción que solo el compromiso con tu propósito puede ofrecer.

El miedo es un guardián que protege la puerta de tus posibilidades, desafiándote a encontrar la llave de tu valentía. No huyas de él; en cambio, acércate y comprende su mensaje. Pregúntate qué es lo que realmente temes perder y cómo puedes prepararte para enfrentar esa posibilidad. En cada acto de valentía, transformas el miedo en un aliado, una fuerza que te empuja hacia adelante en lugar de detenerte. Atrévete, porque detrás de cada temor se esconde una oportunidad para crecer.

La desesperanza puede parecer un océano sin fin, pero incluso en las aguas más profundas, siempre hay una corriente que puede guiarte hacia la orilla. Busca esa corriente en los pequeños actos de bondad y en los momentos de gratitud. Cada amanecer es un recordatorio de que la vida sigue ofreciendo nuevas oportunidades, incluso cuando todo parece perdido. La esperanza no es una certeza, sino una decisión de seguir adelante, paso a paso, hacia un futuro que aún puedes moldear.

La envidia es una prisión invisible, construida ladrillo a ladrillo con las comparaciones que haces con los demás. Pero los barrotes son ilusorios; puedes atravesarlos cuando decides que tu camino es único y suficiente. En lugar de mirar lo que otros poseen, enfoca tu energía en lo que puedes crear desde tu propio potencial. En la gratitud por lo que tienes, la envidia se disuelve, y el alma encuentra su verdadera libertad.

El odio, como un veneno lento, no solo afecta al objeto de tu desprecio, sino que corrompe tu propia esencia. Cada vez que eliges odiar, permites que el dolor gobierne tus emociones. Rompe ese ciclo con actos de comprensión y empatía, incluso si parece imposible. La compasión no significa justificar el daño, sino elevarte por encima de él. En cada acto de amor hacia lo que es justo, neutralizas el poder corrosivo del odio.

El resentimiento es un ancla que te mantiene atado al pasado, negándote la oportunidad de navegar hacia el futuro. Sostenerlo es elegir revivir el dolor una y otra vez. Pero el acto de perdonar es una declaración de independencia emocional, un grito de libertad que te permite avanzar sin el peso de lo que fue. Soltar el resentimiento es abrazar la posibilidad de un presente pleno y un mañana lleno de esperanza.

La maldad promete un poder fugaz, pero su huella en el alma es profunda y duradera. Cada acto malicioso te aleja de tu mejor versión, sembrando discordia en lugar de armonía. Opta por la bondad, no porque sea fácil, sino porque es el único camino hacia la paz interior y la conexión auténtica con los demás. En la justicia y la compasión, construyes un legado que trasciende el tiempo, un faro para quienes te rodean.

La ira arde con intensidad, pero su llama consume tanto al que la siente como a quien la recibe. En lugar de dejarte arrastrar por su fuerza destructiva, aprende a reconocerla y a canalizarla. La paciencia y la reflexión no son signos de debilidad, sino de dominio propio. En cada instante de calma en medio de la tormenta, refuerzas tu capacidad de responder desde la claridad, y no desde el impulso. La verdadera fuerza radica en la serenidad.

La codicia es una sombra que crece mientras más la alimentas, oscureciendo las verdaderas alegrías de la vida. Reflexiona sobre lo que realmente necesitas para vivir plenamente, y encontrarás que el exceso no trae satisfacción, sino agobio. Agradece lo suficiente, comparte lo que tienes, y descubrirás que la abundancia no reside en lo que acumulas, sino en la capacidad de disfrutar y dar. La codicia pierde su poder cuando eliges la simplicidad consciente.

El orgullo desmedido crea una imagen de grandeza que es frágil e insostenible. Al centrarte en aparentar, pierdes la conexión con lo que realmente importa: el aprendizaje, la humildad y la autenticidad. Reconocer tus limitaciones no disminuye tu valor; lo enriquece, porque te permite crecer. En cada acto de humildad, demuestras que la verdadera grandeza no necesita proclamarse, sino vivirse con integridad.

La pereza es un ladrón silencioso que roba tu tiempo y tu potencial. Cada momento que eliges la inacción es un paso que pierdes en el camino hacia tus metas. Levántate, no por obligación, sino por la alegría de avanzar. Cada pequeño esfuerzo suma, cada acción consciente construye. En el movimiento constante, encuentras no solo logros, sino también la satisfacción de una vida en armonía con tu propósito.

El miedo es una sombra proyectada por tus inseguridades, pero recuerda que toda sombra requiere luz. No huyas de él; enfréntalo con la valentía de quien busca comprender. Pregúntate qué historia te cuenta tu miedo y si esa historia es realmente cierta. Cada paso que das hacia adelante, incluso si es pequeño, debilita su poder y fortalece tu confianza. En cada acto de coraje, descubres que eres más fuerte de lo que creías.

La desesperanza es un velo que intenta ocultar las posibilidades infinitas que aún existen. Incluso en los momentos más oscuros, busca los destellos de luz en los actos más simples: una sonrisa, un gesto de bondad, un momento de conexión. Recuerda que la vida es cambio, y lo que hoy parece insuperable puede transformarse mañana en una nueva oportunidad. La esperanza no es ingenuidad, sino una decisión consciente de seguir adelante, un paso a la vez, hacia un futuro que aún puedes moldear.

CONCLUSIÓN: EL CAMINO HACIA LA ARMONÍA INTERIOR

La travesía a través de las pasiones negativas no es una empresa sencilla ni un trayecto lineal. Cada etapa de la vida nos presenta desafíos que ponen a prueba nuestra fortaleza, templanza y nuestra capacidad para elegir el bien sobre lo cómodo. Este recorrido hacia la armonía interior no se concibe como una meta estática, sino como un proceso dinámico de autotransformación y refinamiento continuo.

Integrar las Enseñanzas para Superar las Pasiones Negativas

Las pasiones negativas —la envidia, el odio, el resentimiento, la maldad, la ira, la codicia, el orgullo desmedido, la pereza, el miedo y la desesperanza— no son simplemente obstáculos externos que debemos vencer, sino manifestaciones internas que revelan una desconexión entre nuestros valores fundamentales y nuestras respuestas inmediatas. Cada una de estas pasiones es una invitación a explorar las profundidades de nuestro carácter y a confrontar nuestras debilidades con honestidad.

Al analizar estas emociones, comprendemos que no son agentes externos que nos invaden, sino el reflejo de percepciones erróneas y juicios distorsionados. Superarlas exige un compromiso consciente con la virtud, una disposición a observarnos sin prejuicios, a perdonarnos nuestras fallas y a continuar avanzando con renovada determinación. Integrar estas enseñanzas no implica eliminar las pasiones, sino redirigir su energía hacia el fortalecimiento de nuestra excelencia moral.

La Excelencia Moral Como Meta Constante

El estoicismo nos recuerda que la excelencia moral, o eudaimonía, es el estado de vivir en coherencia con la virtud y en armonía con las leyes de la naturaleza. Este ideal no se alcanza de una vez por todas, sino que requiere una práctica constante y una dedicación diaria. Cada pensamiento, palabra y acción representa una oportunidad para alinear nuestras vidas con nuestros principios más elevados.

La excelencia moral no consiste en la perfección absoluta, sino en la autenticidad y el esfuerzo continuo. Significa reconocer nuestras limitaciones, aprender de nuestros errores y avanzar con humildad y determinación. En la filosofía estoica, la virtud es tanto el medio como el fin: un compromiso inquebrantable con la justicia, la templanza, el coraje y la sabiduría, no por conveniencia, sino porque constituye el fundamento de una vida digna.

Hacia un Futuro en Serenidad, Sabiduría y Virtud

El futuro, aunque inevitablemente incierto, está repleto de posibilidades. Las herramientas filosóficas del estoicismo nos preparan para enfrentarlo con serenidad y sabiduría, transformando lo desconocido en una oportunidad para el crecimiento personal y el beneficio colectivo. En lugar de temer lo imprevisible, lo acogemos como un desafío que pone a prueba nuestro carácter y nuestra capacidad de influir positivamente en el mundo.

El sendero hacia la armonía interior no es solitario. Es una travesía que nos conecta profundamente con nuestra humanidad compartida, fomentando la colaboración y el apoyo mutuo en la búsqueda de la virtud. En cada acto de bondad, en cada expresión de gratitud, construimos no solo nuestra paz interna, sino también un entorno más justo y compasivo para quienes nos rodean.

Que este libro sirva como un faro en tu camino, un recordatorio de que cada paso, por insignificante que parezca, tiene un impacto. Al superar las pasiones negativas, no solo alcanzamos una vida más plena y significativa, sino que dejamos un legado de esperanza y virtud para las generaciones futuras. La armonía interior no es un estado que simplemente se recibe, sino una obra en constante creación, moldeada día a día con paciencia, disciplina y un compromiso inquebrantable con lo que es justo y verdadero.

www.ingramcontent.com/pod-product-compliance
Lightning Source LLC
Chambersburg PA
CBHW071542150726
48000CB00002B/895